Williplom

Die Köche

....

....

erhalten heute ihr offizielles Küchen-Williplom.
Sie haben ihr zehntes Gericht gemeinsam gekocht.
Sie dürfen sich damit ab heute »Kleiner Kochstern«
und »Großer Kochstern« nennen.

Beweis: Bitte ein Foto in Kochaktion
einkleben

Herzlichen Glückwunsch!!!

....
Ort, Datum

Willi Weitzel

Willi kocht

Kinderleichte Rezepte für Groß und Klein

Willi Weitzel

Willi kocht

Kinderleichte Rezepte für Groß und Klein

Für alle kleinen Köche, die auf Kisten
klettern, um zu sehen, was große Köche
auf der Pfanne haben.

Für alle großen Köche, die bereit sind,
Kindern zu zeigen, wie man den
Kochlöffel schwingt.

Inhalt

So fangen wir an

Diese Suppen dürft ihr auslöffeln

Da haben wir den Salat ...

Tolle Knollen

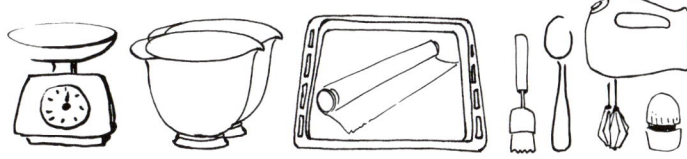

Liebe kleine Köche!

Im Alter von zwei Jahren hat meine eigene Laufbahn als Koch begonnen. Damals habe ich von meinen Eltern einen Kinderspielherd geschenkt bekommen. Der hatte sogar kleine Lämpchen, die aufgeleuchtet haben, wenn ich an den Knöpfen gedreht habe.

Auf meinem Herd habe ich mit trockenen Nudeln, Reis und allem, was meiner Mutter so vom Tisch gefallen ist, gekocht, na ja zumindest Koch gespielt. Aus mir ist zwar kein Chefkoch geworden, aber wenn ich mal nicht vor der Kamera stehe, bin ich immerhin bei mir daheim in der Küche der Chefkoch, oder sagen wir lieber: nur Koch, ohne Chef davor.

Und wie sieht es mit euch aus?
Seid ihr auch Köche oder habt ihr mit Kochen nichts am Hut? Vielleicht entdeckt ihr mit diesem Buch ein neues Hobby?! Oder kocht ihr gerne und liebt es,

Teig zu kneten und Karotten zu schneiden, dürft aber nicht immer mithelfen? Vielleicht, weil Mama oder Papa sich sorgen, ihr könntet euch in die Finger schneiden oder die Pfoten verbrennen. Oder weil sie meinen, es müsse schnell gehen und Kinder würden mehr im Weg rumstehen als zu helfen. Dann freut euch, denn mit diesem Buch will kein Erwachsener mehr ohne euch Kinder kochen.

Alle Rezepte und Speisen schmecken erst dann so richtig gut, wenn kleine und große Köche zusammen die Kochlöffel schwingen. Da Geschmäcker bekanntlich verschieden sind, habt ihr die Qual der Wahl: leckere Suppen, köstliche Hauptgerichte, süße Nachspeisen und Getränke.

Ich wünsche euch viel Familien-Koch-Spaß,
euer

Willi

Liebe große Köche!

»Papa, kann ich helfen?« Aus dieser Frage entstand die Idee für dieses Kochbuch.

Da wollte also ein kleiner Koch, der mit seiner Nase nicht einmal bis zur Arbeitsplatte reichte, helfen. Aber wie soll das gehen? Die Messer sind zu scharf! Die Töpfe zu heiß! Die Arbeitsplatte zu hoch! Was kann ein Kind in der Küche tun? Wovon sollte es lieber die Finger lassen?

Auf all diese Fragen und noch viele andere habe ich Antworten gefunden. Mein alter Kumpel Jürgen Füssl, ein oberpfälzisches Urgestein, Koch und Tausendsassa hat tausende Male mit Kindern gekocht und wahrscheinlich genauso viele praktische Tipps, Tricks und Erfahrungen gesammelt, die in dieses Buch eingeflossen sind.

Meine erste Frage beantwortete Jürgen so: »Dein Kind braucht erst mal ein eigenes Schneidemesser! Das kannst du für 1,99 Euro im Laden um die Ecke kaufen, dann ziehst du es zehnmal über einen Messerrücken, und wenn es nicht mehr so scharf ist, kann sich dein Kind auch nicht mehr in die Finger schneiden. So ein eigenes Messer macht stolz, vermittelt Verantwortung, und für Karotten ist es gerade noch scharf genug!« Jürgen ist eben ein Pragmatiker.

Mit Koch Jürgen Füssl, Bäckermeisterin Silvia Schramml und vielen Kindern stand ich dann tagelang in der Küche (und nachts auch oft allein), um die vorgeschlagenen Gerichte auszuprobieren und gegebenenfalls noch mal und noch mal zu kochen, bis es genau so funktionierte (und schmeckte!), wie es im Buch beschrieben steht.

Bei jedem Rezept schlage ich vor, welche Aufgaben der kleine Koch und welche der große Koch übernehmen (siehe »So funktioniert's«). Ältere Kinder haben vielleicht schon öfter den Kochlöffel geschwungen, und kleinere Kinder wiederum noch nie. Daher sind meine Vorschläge, was wer an Kochaufgaben übernimmt, wirklich als Vorschlag zu sehen. Ihr kennt eure Kinder am besten und könnt ihnen gerne auch mal mehr zumuten, gemäß der Regel »fordern ja, überfordern nein«. Und damit ihr nicht überfordert seid durch Kinderfragen, die beim Kochen automatisch entstehen, habe ich willi-mäßig nachgeforscht und schon einmal viele Antworten auf interessante Fragen zum Thema Essen und Ernährung quer übers Buch verteilt.

Willi

Jürgen

Viel Vergnügen und Familien-Koch-Spaß, euer

PS: Beim Kochen mit Kindern habe ich etwas sehr Wertvolles gelernt: Während die Großen häufig mit Zeitdruck kochen, um ein Essen auf den Tisch zu bekommen, kochen Kinder ohne das Gefühl, fertig werden zu müssen. Eben weil sie kochen wollen.

So funktioniert's:

Ja, ich ahne es, der Bauch knurrt schon, und ihr wollt kochen und nicht lesen, aber ich bitte noch um ein Häppchen Geduld und fasse mich ganz kurz:

»Wie viel von jeder Zutat, und wer macht was?«

Das ist die Kurzbeschreibung der Rezepte in meinem Kochbuch. Schneiden, wiegen, rühren, raspeln, kneten, backen, naschen, dekorieren – für jede Aufgabe und jedes Rezept liefert dieses Buch eine Empfehlung, was der kleine Koch und was der große Koch übernimmt. So werden im Buch beide, die Kinder und die Erwachsenen, angesprochen. Es gibt dreijährige und 13-jährige Kinder. Laut UN-Kinderrechtskonvention dauert die Kindheit sogar bis zur Vollendung des 17. Lebensjahres; als UNICEF-Pate erwähne ich das sehr gerne. Genauso gibt es 18-jährige und 107-jährige Erwachsene. Alle dürfen sich von diesem Buch angesprochen fühlen, denn es geht mir darum, Tipps zu liefern, die Kochen zu einem Familienerlebnis und vielleicht sogar Familienabenteuer werden lassen.

Ich will nicht lange um den heißen Kartoffelbrei herumreden: Ihr Erwachsenen kennt die Kinder, mit denen ihr kochen wollt, besser als ich und wisst daher am besten, was sie können und womit ihr sie fordern und fördern könnt. Bitte seht daher meine Aufteilung in »kleiner Koch« und »großer Koch« wirklich nur als Vorschlag und zur Orientierung und nicht als Gesetz an.

Auch wenn ich immer nur einen kleinen und einen großen Koch anspreche, können sich an der Zubereitung der Rezepte natürlich auch gerne mehrere Köche beteiligen.

Apropos Rezepte

Keine Sorge, die habe ich mir nicht selbst ausgedacht. Dazu habe ich mir Profihilfe geholt: Koch Jürgen Füssl und Bäckermeisterin Silvia Schramml, die mich mit Leib und Seele sowie herzhaften und süßen Rezepten, die großen und kleinen Köchen schmecken, unterstützt haben.

Alle Gerichte sind von einem großen und einem kleinen Koch gemeinsam zuzubereiten. Mal darf der große Koch mehr ran, mal der kleine. Bei den einzelnen Beschreibungen der Rezepte habe ich mich voll ins Zeug gelegt, und so müssten sogar Anfänger gut zurechtkommen.

Kochzeiten

Kochen gehört mitten ins Familienleben. Fast alle Rezepte im Buch sind so gewählt, dass sie ohne großen Aufwand im Alltag zubereitet werden können. Klar, wenn es darum geht, eine Karotte zu schälen, kann das bei kleinen Köchen länger dauern als bei den großen. Doch damit weder die Geduld der großen Köche noch die Lust der kleinen Köche strapaziert wird, dürfen die Vorschläge, wer was tun soll, spontan umgeändert werden. Wenn die Zubereitung eines Gerichts länger dauern sollte oder lange Ruhezeiten erfordert, habe ich das dazugeschrieben.

Mengen

Die Rezepte sind für zwei Erwachsene und zwei Kinder bemessen. Wenn die Mengen für euch nicht passen sollten, kritzelt mit Kuli oder Bleistift einfach eine Notiz zum jeweiligen Rezept, dann wisst ihr beim nächsten Mal Bescheid. Schließlich handelt es sich hierbei nicht um ein Buch, das im Regal verstauben soll, das Buch soll benutzt werden!

Zutaten

Die Zutaten für jedes Gericht stehen immer in der linken Spalte des Rezepts. Diese Spalte ist also von oben nach unten zu lesen, um herauszufinden, was alles und wie viel davon gebraucht wird.

Text und Bild

Gerade für die Kleineren ist es manchmal mühsam, Rezepte durchzulesen. Deswegen gibt es viele Bilder, auf denen zu sehen ist, wie Arbeitsschritte funktionieren oder Speisen aussehen sollen. Zudem eine Bitte an die Erwachsenen: Wenn's bei den kleinen Köchen hakt und sie nicht weiterkommen, einfach die einzelnen Schritte nochmals vorlesen, erklären und helfen.

Kochsprache

Köche haben zum Teil ihre eigene Sprache. Diese habe ich versucht in eine verständliche Sprache zu übersetzen, und dennoch sind einige Fachbegriffe und Abkürzungen geblieben. Im »Küchenwörterbuch« habe ich die alle erklärt. Also, wenn ihr Begriffe wie »ml« oder »anschwitzen« nicht versteht, einfach kurz auf Seite 19 nachschauen.

Was wird gekocht?

Bei so vielen Rezepten fällt die Auswahl schwer, welches Gericht gekocht werden soll. Mein Tipp: Blättert das Buch gemeinsam durch und sucht euch Rezepte aus. Favoriten könnt ihr mit einem Klebezettel markieren und beim nächsten Mal kochen.

Hände waschen!

Bevor gestartet wird, unbedingt immer die Hände waschen, damit das Essen nachher auch wirklich gesund ist und lecker schmeckt!

Übung macht den Meister

Und nun viel Spaß und schöne gemeinsame Erfahrungen mit meinem Kochbuch. Je öfter ihr gemeinsam kocht, desto besser wird euer Team – Übung macht den Meister und soll belohnt werden! Wenn ihr zehn Gerichte gemeinsam gekocht habt, erhaltet ihr das offizielle Küchen-Williplom. Das könnt ihr einfach vorne ausschneiden, ausfüllen, ein Foto einkleben und in die Küche hängen.

Spielregeln – Kochen

Vor dem Kochen

- Alle Köche waschen sich vor dem Kochen mit Seife die Hände.
- Alle Köche mit langen Haaren binden ihre Haare zusammen.
- Großer Koch und kleiner Koch lesen vor dem Kochen das Rezept gemeinsam durch und suchen alle Zutaten und Küchenutensilien zusammen.
- Gemüse und Obst, das nicht geschält wird, vor dem Zubereiten gründlich waschen.

Beim Kochen

- Der kleine Koch darf ohne die Erlaubnis des großen Kochs nicht alleine am heißen Herd stehen.
- Beim Andünsten und Braten steht der kleine Koch nicht zu nah am Herd, denn heiße Fettspritzer können ganz schön wehtun.
- Den heißen Backofen öffnet nur der große Koch und er benutzt Topflappen.
- Elektrische Geräte, wie den Stabmixer, bedient der große Koch – und der kleine Koch nur dann, wenn es ihm der große Koch erlaubt.
- Toben zwischen heißen Pfannen ist gefährlich. Also entweder kochen oder toben.
- Besser als Toben: Loben. Davon kann keiner genug bekommen. Jedes Kind sollte wenigstens einmal am Tag gelobt werden!
- Messer nicht abschlecken!
- Der große Koch und der kleine Koch schneiden mit dem Messer nur an der Arbeitsplatte oder am Tisch, nicht im Gehen oder Springen.
- Mit den Messern nicht jonglieren!
- Der kleine Koch darf mit einem scharfen Messer schneiden, wenn es ihm der große Koch zutraut!
- Wenn etwas verschüttet oder verkleckert wird – gleich aufwischen, sonst tritt es sich fest, oder der Boden wird rutschig.

- Ganz wichtig: Naschen ist ausdrücklich erlaubt!
- Der große Koch geht ab und zu mal in die Knie und betrachtet die Küchenwelt aus der Kinderperspektive.

Nach dem Kochen

Alle Köche und Bekochten essen gemeinsam: zusammen an den Tisch setzen und gemeinsam beginnen.

Nach dem Essen

Großer Koch und kleiner Koch räumen nach dem Essen gemeinsam die Küche auf.

Große Küche – kleiner Koch

Wichtig ist, dass der kleine Koch gut an die Arbeitsfläche kommt. Einfach Fußbank oder Hocker nehmen, die stabil stehen, oder eine Getränkekiste umdrehen. Wenn die Kiste auf dem Boden rutscht, kann sie mit Klebeband am Boden festgeklebt oder auf eine Gummi-Anti-Rutsch-Matte gestellt werden.

mit Kindern

Kleine Köche können auch auf der Arbeitsplatte sitzen, um besser in Schüsseln und Töpfe zu schauen. Allerdings Vorsicht in der Nähe vom Herd!

Für den kleinen Koch ist es leichter, mit »kleinem Kochgeschirr« zu arbeiten: Es gibt Kinderkochlöffel, kleine Reiben, Kindernudelhölzer (z.B. in Spiel- und Haushaltswarenläden oder im Internet).

Die kleinsten der kleinen Köche können auch mithelfen und z.B. den Salat baden, Gemüse waschen, Kräuter zupfen, Gurkenscheiben mit dem Messer vom Kinderbesteck zu Halbmonden schneiden und natürlich naschen.

Auch wenn der kleine Koch noch nicht alleine am Herd stehen sollte, kann er unter Aufsicht des großen Kochs umrühren – denn das macht Spaß!

Willi-Tipp
Kindertisch und Kinderstuhl aus dem Kinderzimmer in die Küche stellen: So kann der kleine Koch im Sitzen am Kindertisch schneiden.

Willi-Tipp
Der kleine Koch hat sein eigenes Messer mit einem Griff in seiner Lieblingsfarbe. Kleine Messer gibt's im Supermarkt zu kaufen und kosten nicht die Welt. Viele Kinder haben ein Taschenmesser, das die meiste Zeit ungenutzt in der Schublade liegt. Auch das darf in der Küche zum Einsatz kommen.

Scharfe Messer
Kinder sollten die Chance erhalten, mit einem scharfen Messer zu schneiden. Es muss ihnen erklärt werden, was passieren kann, wenn sie unkonzentriert schneiden.

Ein kleines Messer kann man einfach »entschärfen«, dass es noch schneiden kann: 10- bis 20-mal kräftig über den Rücken eines anderen Messers ziehen.

Kindermund
Der Kindermund ist kleiner als der Erwachsenenmund. Deshalb z.B. die Kartoffeln im Kartoffelsalat kleiner schneiden, als wenn nur Große am Tisch sitzen.

Erwachsenenmund
Der Erwachsenenmund mag es manchmal schärfer oder salziger als der Kindermund. Pfeffermühle, Chilischoten und Salzstreuer kommen daher erst nach dem Kochen zum Einsatz: beim Essen am Tisch.

Küchenpraxis – Tipps

Als erstes die Rezepte aussuchen

Vor allem rechtzeitig vor dem Kochen, damit fehlende Zutaten besorgt werden können.

Willi-Tipp

Immer mal wieder den kleinen Koch das Buch durchblättern und Rezepte markieren lassen, die er gerne einmal kochen möchte.

»Auf die Plätze ...«

Gute Vorbereitung vermeidet Hektik. Manchmal muss es beim Kochen schnell gehen. Wenn das Öl z.B. heiß ist, müssen die Zwiebeln rein und sollten daher schon geschnitten sein. Es ist schlau, vor dem Kochen alles, was benötigt wird, bereitzustellen.

Auszeit

Kochen erfordert Konzentration und kann auch anstrengend sein. Der kleine Koch sollte, wenn er keine Energie mehr hat, aufhören dürfen, damit er nicht zum Schluss vollends das Küchentuch wirft. Loben und Naschen beugen dem vor.

Brettchen trennen

Rohes Fleisch oder Fisch immer auf einem anderen Brett schneiden als das Gemüse; das Brett nach dem Fleischschneiden sehr warm und gut abwaschen.

Eier trennen

Stelle zwei Schüsselchen bereit, eins für das Eiweiß, eins für das Eigelb. Schlage das Ei an einer Kante auf, es soll nur ein Riss entstehen.

Drehe das Ei mit dem Riss nach oben über das Gefäß für das Eiweiß, drücke mit den Daumen leicht auf den Riss und breche das Ei in zwei Hälften. Dabei läuft das Eiweiß in den Becher. Aufpassen: immer beide Eihälften mit der offenen Seite nach oben halten, sonst fällt das Eigelb raus.

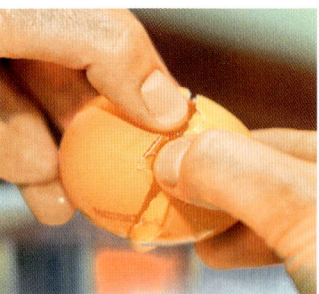

Dann vorsichtig das Eigelb von der einen Eihälfte in die andere Hälfte kippen. Dabei fließt das Eiweiß in das darunter stehende Schüsselchen. Das musst du so oft wiederholen, bis nur noch das Eigelb übrig ist, das Eigelb dann in das andere Schüsselchen geben. »Ei«-nfach »ei«-n paar Mal üben und vom großen Koch helfen lassen (wenn der es kann!).

Willis Geheimtipp

Brettchen mit »Anti-Rutsch-Effekt«: Immer einen feuchten Lappen unter das Brettchen legen, so rutscht es nicht weg.

und Tricks

Eiweiß steif schlagen
Bevor das Eiweiß in eine Schüssel gegeben wird, darauf achten, dass die Schüssel und die Rührer sauber und fettfrei sind, sonst lässt es sich nicht aufschlagen. Das Eiweiß ist steif genug, wenn man es mit einem Messer durchschneiden kann und der Schnitt danach sichtbar bleibt.

Eieruhr
Um Garzeiten richtig einzuhalten, ist eine Eieruhr eine geniale Erfindung! Das Einstellen und Überwachen der Eieruhr ist eine tolle Aufgabe für den kleinen Koch!

Knoblauch
Ist gesund und ein guter Geschmacksträger. Doch mögen manche keinen Knoblauch. In allen Rezepten kann der Knoblauch auch weggelassen werden.

Willi-Tipp
Saucen oder Suppen mit Knoblauch pürieren, damit niemand auf kleine Knoblauchstückchen beißt.

Kuchengitter
So ein Gitter ist wichtig, weil es verhindert, dass der Kuchen Kontakt mit dem Boden hat, und weil er so auch von unten auskühlen kann. Wenn ihr kein Kuchengitter habt, einen Ofenrost verwenden.

Öl
Es gibt verschiedene Sorten Öl – Sonnenblumenöl, Olivenöl, Maiskeimöl, Erdnussöl, Maschinenöl (Scherz!), Kürbiskernöl, Rapsöl, Distelöl. Allesamt sind das Pflanzenöle. Jeder von uns hat so seine Vorlieben, weshalb in den Rezepten meist einfach »Öl« steht.

Allerdings hat mir Koch Jürgen noch Wichtiges rund um die richtige Ölwahl verraten: Öl mit dem gebraten oder gebacken werden soll, muss dafür geeignet sein. Das steht in der Regel auf dem Etikett der Flasche (»zum Braten, Backen, Frittieren«).
Natives Olivenöl z.B., das hervorragend auf Salat schmeckt, eignet sich weniger zum Anbraten, denn es verbrennt schon bei vergleichsweise niedrigen Temperaturen. Dann qualmt es, schmeckt bitter und kann sogar gesundheitsgefährdend sein.

Ofen
Vorsicht heiß! Am besten nach dem Backen die Beleuchtung als Erinnerung so lange anlassen, wie der Ofen heiß ist.

Pürieren
Zum Pürieren den Topf oder das Gefäß in die Spüle stellen, dann bleiben eventuelle Spritzer in der Spüle, statt Wand und Decke zu »verzieren«. Wenn der Stabmixer senkrecht eingetaucht wird, spritzt eigentlich nichts.

Küchenpraxis

Reis »einfach schön«

Eine Kaffeetasse nehmen, mit Wasser ausspülen und noch feucht mit gekochtem Reis füllen. Die Tasse auf einen Teller stülpen und vorsichtig die Tasse abnehmen (so wie beim Sandkuchenbacken mit Förmchen). Zum Schluss das Hauptgericht (z.B. Geflügelcurry von S. 89) um die Reiskugel herum verteilen.

Schälen

Als Gemüseschäler eignen sich Schäler in »Zwillenform« am besten, denn sie liegen perfekt in einer Kinderhand.

Schneiden

Der große Koch schneidet Fleisch, großes Gemüse und Obst mit einem großen Messer vor, der kleine Koch sorgt mit seinem Messer für den Feinschnitt (siehe S. 17).

Willi-Tipp
Mit T-Shirt-Malern seine persönliche Kinderschürze selbst gestalten.

Schürze

Damit sich der Kochspaß so richtig entfalten kann und nicht ständig Sorge um die eigenen Klamotten herrscht, mein Tipp: eine Kinderschürze zulegen oder bei spontanen Kochaktionen aus einer Plastikeinkaufstasche eine Schürze basteln. Einfach untere linke und rechte Ecke für die Arme wegschneiden, einen »V«-Schlitz für den Kopf einschneiden. Fertig.

Wortsalat – Abkürzungen in den Rezepten

TL = Teelöffel

EL = Esslöffel

l = Liter

ml = Milliliter

kg = Kilogramm

g = Gramm

Msp. = Messerspitze

Pck. = Päckchen

°C = Grad Celsius

Willis Obstgarten

Ananas
Apfel
Aprikose
Banane
Birne
Brombeere
Cranberry
Erdbeere

Feige
Heidelbeere
Himbeere
Honig-melone
Kirsche
Kiwi
Limette
Litschi

Mango
Nektarine
Orange
Pfirsich
Trauben
Wasser-melone
Zitrone

Willis Gemüsebeet

Aubergine
Blumenkohl
Bohne
Brokkoli
Champignons
Chinakohl
Erbse
Essiggurke

Fenchel
Ingwer
Karotte
Kartoffel
Kohlrabi
Knollensellerie
Knoblauch
Kürbis

Lauch
Lauchzwiebel
Mais
Paprika
Radieschen
Salat
Salatgurke
Spinat

Staudensellerie
Tomate
Zucchini
Zuckerschote
Zwiebel
Basilikum
Petersilie
Salbei
Schnittlauch

Gemüse schneiden

Es gibt Gemüsesorten, die sind gar nicht so einfach zu schneiden. Bei vielen Rezepten werdet ihr aufgefordert, bestimmte Früchte oder Gemüse zu »würfeln« oder in »Stifte« zu schneiden. Damit ihr wisst wie das geht – wenn ihr es noch nicht wisst – hier ein paar Schnippelanleitungen:

Zwiebel würfeln

1. Die Zwiebel mit dem Messer durch die Wurzel halbieren und schälen. Wichtig: die Wurzel an jeder Hälfte stehen lassen, denn die hält die Zwiebelschichten zusammen.

2. Die Zwiebelhälfte mit der Schnittfläche nach unten legen und von der Wurzel weg mehrmals längs einschneiden, die Wurzel nicht durchschneiden. Die Hand dabei zu einer Kralle formen.

3. Jetzt von der Spitze aus quer dünne Scheiben einschneiden, die dann in Würfel zerfallen. Zum Schluss die Wurzel abschneiden.

Wenn die Würfel ganz fein sein sollen: Zwischen Schritt 2 und 3 die Zwiebel parallel zur Arbeitsfläche zweimal einschneiden.

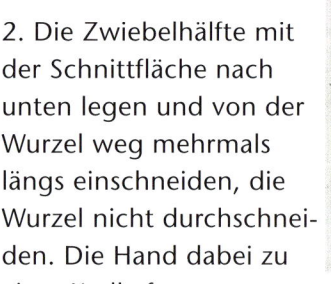

Knoblauch würfeln

1. Die Knoblauchzehe schälen.

2. Die Zehe längs in Scheibchen schneiden.

3. Die Scheibchen aufeinander legen und längs in drei Teile schneiden, das ergibt Stifte.

4. Die Stifte drei- bis fünfmal quer zu kleinen Würfeln schneiden.

Willi-Tipp

Mit der platten Seite des Messers vorher kurz auf den Knoblauch hauen, damit er etwas gequetscht wird. Das löst das ätherische Öl, und der Knofi wird bekömmlicher.

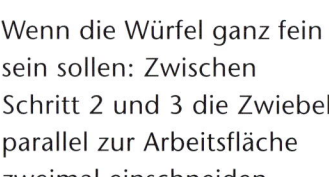

Willi-Tipp
Schnittlauchröllchen kannst du einfach mit einer sauberen Bastelschere schnippeln.

Tomate in Stücke schneiden

1. Die gewaschene Tomate halbieren und bei beiden Hälften den grünen Stielansatz herausschneiden. Dazu links und rechts davon wie ein V einschneiden.

2. Die Tomatenhälfte in drei oder vier einzelne Schiffchen schneiden.

3. Die Tomatenschiffchen halbieren.

Tomate in Scheiben schneiden

1. Die gewaschene Tomate vorsichtig in Scheiben schneiden.

2. Bei den Scheiben mit Stielansatz das Grüne herausschneiden.

Willi-Tipp
Am besten ein Tomatenmesser mit Rillen (sieht aus wie ein Mini-Brotmesser) benutzen. Messer mit glatter Schneide rutschen nämlich zu leicht ab oder quetschen die Tomate.

Karotte (Zucchini, Aubergine)

Die Karotte schälen und das spitze Ende abschneiden. Das dicke Ende dient als praktischer Griff, der erst mit dem letzten Schnitt abgetrennt wird.

... in Scheiben schneiden

Die Karotte von der Spitze angefangen in Scheiben schneiden.

... in Stücke schneiden

Die Scheiben einmal halbieren (Halbmonde) oder zweimal halbieren (Stücke).

... in Stifte schneiden

Die Karotte quer in der Hälfte durchschneiden (sehr lange Karotten in drei Teile schneiden). Die Karottenteile längs in Scheiben schneiden. Die Scheiben aufeinander legen und längs in Stifte schneiden.

... würfeln

Die Stifte in kleine Würfel schneiden.

(Bei Zucchini und Aubergine funktioniert das alles genauso, nur müssen die nicht geschält werden.)

Paprika

1. Die Paprika waschen.

2. Die Paprika mit dem Stiel nach oben aufrecht auf das Brettchen stellen, Paprika festhalten.

3. Von oben einmal rund um den Stiel herumschneiden, so bleibt der Stiel am Ende mit dem Kerngehäuse übrig.

4. Die Paprikaschote halbieren. Dazu von oben nach unten durchschneiden.

5. Die beiden Hälften längs in dünne Streifen schneiden.

6. Dann die Streifen in Würfel schneiden.

Küchenwörterbuch

Fachwort	Damit ist gemeint
Ablöschen	Wenn etwas in der Pfanne oder im Topf brutzelt, eine Flüssigkeit dazugießen.
Abschmecken	Das fertige Essen kosten und – wenn nötig – behutsam nachwürzen.
Anbraten/Anbrutzeln	Gemüse oder Fleisch wird kurz bei starker Hitze gebraten.
Anschwitzen	Gemüse wird kurz in etwas Fett bei mittlerer Hitze gegart (schwitzt dabei seinen Saft aus). Zwiebeln werden dabei glasig.
Aufkochen	Eine Flüssigkeit oder Sauce durch starke Hitze schnell zum Kochen bringen. Sobald sie kocht, die Temperatur herunterstellen, eben nur aufkochen.
Backen	Garen im Ofen.
Butter zerlassen	Butter in einem Töpfchen langsam erhitzen und schmelzen.
Eiweiß steif schlagen	Eiweiß in einer sauberen Schüssel so lange rühren, bis es fest wird.
Erhitzen	Etwas in einem Topf oder einer Pfanne auf dem Herd heiß machen, aber nicht kochen.
Fein würfeln	Gemüse in minikleine Würfelchen schneiden.
Gar	Gemüse oder Fleisch ist fertig gekocht, Nudeln oder Kartoffeln weich, Hackfleisch nicht mehr roh, Teig fest.
Gehäuft	Der Löffel ist so voll geladen: Ein kleiner Berg liegt auf dem Löffel.
Gemüse putzen	Gemüse waschen und alles, was nicht mitgegessen werden kann, abschneiden.
Gestrichen voll	Ein Löffel ist gestrichen voll, also liegt nur so viel darauf, dass die Löffelfläche bis zum Rand gefüllt ist.
Glasig dünsten	Zwiebeln bei geringer oder mittlerer Hitze so lange anschwitzen/braten, bis sie glasig sind. Also nicht anbraten, sie sollen nicht braun werden.
Goldbraun	Eine Mischung aus goldgelb und hellbraun. Wie eine leckere Waffel.
Grob hacken	Mit einem großen Messer in grobe Würfel oder Stücke hacken, z.B. Petersilie.
Grob würfeln	In Würfel schneiden, nicht besonders klein oder fein.
Halbieren	In zwei gleich große Teile schneiden.
Köcheln	Bei mittlerer Hitze kochen, aber es soll nicht sprudelnd kochen, sondern nur mit kleinen Bläschen.
Kochen	Etwas ist so heiß, dass es kocht, es bilden sich Blasen.
Mittlere Hitze	Die Platte nicht ganz niedrig und nicht ganz heiß stellen, sondern in der Mitte.
Prise	Eine Menge, die zwischen die Fingerspitzen von Daumen und Zeigefinger passt.
Pürieren	Mit dem Stabmixer etwas so zerkleinern, dass es zu Brei oder Mus wird.
Rösten	Z.B. Nüsse oder Kerne ohne Fett in einer Pfanne erhitzen, bis sie leicht angebräunt sind.
Überbacken	Z.B. Auflauf mit Käse bestreuen und im Ofen backen, bis der Käse gebräunt und etwas geschmolzen ist.
Vierteln	In vier gleich große Teile schneiden.
Würzen	Die Zugabe von Gewürzen (z.B. Salz, Pfeffer, Majoran).
Ziehen lassen	Etwas Warmes ohne weitere Hitzezufuhr stehen lassen und warten, bis es gar ist oder Aromen aufgenommen hat.

Suppen

Diese Suppen dürft ihr auslöffeln

Süßes Frühstücks-süppchen

Gerne auch ÜÜÜ-Suppe genannt

Küchengeräte

Zutaten	Kleiner Koch	Großer Koch
1 l Milch →	in den kalten Topf geben	→ und aufkochen.
12 EL Haferflocken →	in die Milch rühren.	→ Hitze stark reduzieren.
3 EL Zucker oder Honig →	in die Suppe löffeln, gut umrühren	→ und die Suppe 10 Minuten ziehen lassen.
2 Kinderhändevoll Cranberrys →	in die Suppe streuen.	→ Die Suppe in die Teller füllen.
etwas Zimt		→ über die Suppe streuen.

Velbekomme!
(»Guten Appetit« auf Norwegisch)

Tipp
Den Topf mit kaltem Wasser ausspülen. Wenn der Topf trocken ist, brennt die Milch leicht an.

Willi Spezial-Info
Haferflocken machen satt und geben Kraft. Als ich Student war, hatte ich eine Zeit lang überhaupt kein Geld mehr. Da gab es bei mir morgens ein ÜÜÜ-Süppchen, mittags und abends dann Haferflockensuppe mit Gemüsebrühe.

Flotte Suppe

Küchengeräte

Zutaten	Kleiner Koch	Großer Koch
1 l Wasser	→ mit dem Messbecher abmessen und in den Topf gießen.	→ Das Wasser erhitzen.
2 TL Rinder- oder Gemüsebrühpulver	→ in das Wasser streuen und mit dem Kochlöffel verrühren.	→ Brühe aufkochen lassen.
100 g Buchstaben- oder Sternchennudeln	→ langsam in die köchelnde Brühe schütten und umrühren. Vorsicht: heiß!	→ Nudeln 5 Minuten mitkochen.
	→ Die Eieruhr stellen und bewachen.	
1 Bund Schnittlauch	→ waschen und in kurze Röllchen schneiden (geht super mit einer sauberen Bastelschere).	→ Die Brühe in Suppentassen verteilen.
	→ Suppe mit Schnittlauchröllchen bestreuen.	
Backerbsen	→ in einem Schälchen auf den Tisch stellen und nach Belieben in die Suppe streuen. Knuspert toll!	

Frohes Löffeln!

Mein Tipp
Natürlich kann man auch statt Brühpulver Brühe selber kochen, aber das wäre dann keine flotte Suppe mehr, sondern eine lahme Suppe. Wichtig ist, dass Brühpulver ohne Geschmacksverstärker verwendet wird.

K.O.-Suppe

Karotten-Orangen-Suppe

geht schnell

Küchengeräte

Zutaten	Kleiner Koch	Großer Koch
4–5 Karotten	schälen und in Scheiben schneiden (dick wie Kinderdaumen). Die Stücke auf einen Teller legen.	
2 mehligkochende Kartoffeln (groß wie eine Kinderfaust)	schälen, Die Kartoffelviertel in Stücke schneiden (dick wie Kinderdaumen) und zu den Karotten legen.	der Länge nach vierteln.
1 Zwiebel 1 walnussgroßes Stück Ingwer		schälen und in kleine Stückchen schneiden.
0,5 l Orangensaft 0,7 l Wasser	mit dem Messbecher abmessen und neben den Herd stellen.	
2 EL Öl		im Topf erhitzen. Zuerst Zwiebeln und Ingwer glasig dünsten, dann Karotten dazugeben und anschwitzen.
1 TL gelbes Currypulver	auf das Gemüse streuen.	
2 TL Gemüsebrüh-pulver	dazugeben	Orangensaft und Wasser dazugeben und unter Rühren aufkochen.
		20 Minuten köcheln lassen. Dann mit einer Gabel ein Karottenstück vorsichtig aus dem Topf holen, pusten ...
	... und testen, ob es schon gar ist.	
		Den Topf vom Herd nehmen, in die Spüle stellen und die Suppe mit dem Stabmixer pürieren.
Salz und Pfeffer		Die Suppe abschmecken und dann auf die Teller verteilen.
2 Scheiben Toastbrot	toasten und in Würfel schneiden. Die Suppe mit den Toastwürfeln bestreuen und sich schmecken lassen!	

Mein Geheimtipp

Einen Becher Crème fraîche auf den Tisch stellen. Wer die Suppe zu sauer findet, kann einen halben Teelöffel in seine Suppe rühren. Mit Crème fraîche kann man auch prima in die Suppe malen.

Gemüsesuppe

Zutaten	Kleiner Koch	Großer Koch
500 g Gemüse (z.B. Blumenkohl, Brokkoli, Kohlrabi, Karotten, Zucchini, Kürbis, Champignons, entweder nur eins davon oder gemischt)	→ putzen, eventuell schälen und in kleine Stücke schneiden (z.B. Brokkoli, Champignons …	→ … Karotten, Kohlrabi, Kürbis).
2 Zwiebeln		→ schälen und klein schneiden.
1 Stück Butter (groß wie eine Kastanie)	→ abschneiden,	→ im Topf erhitzen und die Gemüsestücke darin andünsten.
3 EL Mehl	→ dazugeben und mit dem Kochlöffel umrühren.	
1 l Wasser	→ mit dem Messbecher abmessen und in den Kochtopf gießen.	
2 TL Gemüsebrühpulver	→ in die Suppe rühren.	→ Die Suppe 20 Minuten köcheln lassen, immer wieder umrühren. Mit einer Gabel ein Gemüsestück vorsichtig aus dem Topf holen, pusten …
	→ PAUSE zum Spielen, Spülen, Müllruntertragen, Tischdecken.	
	→ … und testen, ob es schon gar ist.	→ Den Topf vom Herd nehmen, in die Spüle stellen und die Suppe mit dem Stabmixer pürieren.
Salz, Pfeffer, Majoran		→ Mit den Gewürzen abschmecken.
	Guten Appetit! 🙂	→ Die Suppe auf Teller verteilen.

Willi Spezial-Info: Was ist Gemüsebrühe?

Kocht man Gemüse (Zwiebel, Sellerie, Karotte, Lauch) sehr lange in Wasser, so gehen die Inhaltsstoffe vom Gemüse ins Wasser über, das man dann Brühe nennt. Das Gemüse siebt man am Ende aus der Brühe, denn es schmeckt nach nix mehr. Je länger die Brühe kocht, desto weniger Flüssigkeit bleibt übrig und desto intensiver ist der Geschmack. Weil das sehr aufwendig ist und so lange dauert, kocht man meistens mit Brühpulver oder Brühwürfeln. Da hat dann jemand in der Fabrik die Arbeit gemacht und die Brühe gekocht.

Tomatentopf

Willis Lieblingssuppe

Küchengeräte

Zutaten	Kleiner Koch	Großer Koch
2 Zwiebeln		
1 Knoblauchzehe		➡ schälen und klein schneiden.
2 EL Öl	➡ in den Topf geben,	➡ im Topf erhitzen, Zwiebeln und Knoblauch dazugeben und andünsten.
2 EL Honig	➡ dazugeben und umrühren.	
2 EL Balsamico-Essig	➡ dazugeben und umrühren.	
1,5 l Tomatensaft	➡ vorsichtig in den Topf gießen	➡ und mit dem Kochlöffel unterrühren. 20 Minuten ohne Deckel köcheln lassen, dabei gelegentlich umrühren.
20 Blättchen Basilikum (oder 2 TL getrocknetes Basilikum)	➡ vom Stängel pflücken, waschen und klein schneiden (geht super mit einer sauberen Bastelschere).	➡ Den Topf vom Herd nehmen, in die Spüle stellen und die Suppe mit dem Stabmixer pürieren.

➡ Basilikum in die Suppe rühren (Vorsicht, heißer Topf).

Buon appetito!
(»Guten Appetit«
auf Italienisch)

➡ Die Suppe auf Teller verteilen.

Tipp
Beim Andünsten der Zwiebeln einfach etwas Salz zugeben, denn das bindet austretendes Zwiebelwasser und verhindert Ölspritzer.

Herbstsuppe

Küchengeräte

Zutaten	Kleiner Koch	Großer Koch
1 Zwiebel 2 Knoblauchzehen 1 Stück Ingwer (groß wie eine Kastanie)		→ schälen und würfeln.
3 Karotten	→ schälen und in Scheiben schneiden (so dick wie Kinderdaumen). Die Scheiben auf einen Teller legen.	→ Beim Schälen helfen.
1 Hokkaido-Kürbis	→ waschen	→ und mit einem scharfen Messer halbieren.
	→ Mit einem Löffel alle Kerne aus den Kürbishälften kratzen.	→ Die Kürbishälften mit der Schale in Würfel schneiden. Die Schale vom Hokkaido kann mitgegessen werden.
2 EL Öl	→ in einen Topf geben	→ und erhitzen. Erst kurz Zwiebel, Knoblauch, Ingwer, dann Karotten und Kürbis anschwitzen.
1 TL Currypulver	→ auf das Gemüse streuen.	
0,5 l Wasser 0,2 l Orangensaft	→ jeweils mit dem Messbecher abmessen, in den Topf gießen.	
2 TL Gemüsebrühpulver 3 EL Kürbiskernöl	→ dazugeben,	→ umrühren und 20 Minuten köcheln lassen.
Kürbiskerne (2 Kinderhändevoll)	→ in eine beschichtete Pfanne werfen	→ und ohne Öl rösten.
	→ ... und testen, ob es schon gar ist.	→ Mit einer Gabel ein Kürbisstück aus dem Topf holen, pusten ... → Den Topf vom Herd nehmen, in die Spüle stellen und die Suppe mit dem Stabmixer pürieren.
Salz und Pfeffer		→ Eventuell abschmecken.
	→ Mit Kürbiskernen dekorieren.	→ Die Suppe auf Teller verteilen.

Tipp
Ingwer macht Knoblauch verträglicher!

Mein Tipp
Einen zweiten Kürbis kaufen.
Den Deckel abschneiden
(große Köche), den Kürbis mit
einem Löffel aushöhlen und
als Suppenschüssel verwenden.

Mein Tipp
Am besten die doppelte Menge kochen, denn die Suppe schmeckt auch am nächsten Tag noch lecker! Ich mag sie besonders gern mit Wiener Würstchen – einfach am Ende kurz mit erwärmen.

Erbsensuppe

Küchengeräte

Zutaten	Kleiner Koch	Großer Koch
100 g Speck		→ in kleine Würfel schneiden.
2 Karotten	→ schälen, ... und in dünne Halbmonde schneiden (so dünn, wie's geht).	→ der Länge nach halbieren,
1 Stange Lauch	→ In dünne Scheiben schneiden (wenn's geht, dünner als 1-Euro-Stücke)	→ putzen und zum Schneiden vorbereiten.
1 Zwiebel 1 Knoblauchzehe		→ schälen und klein schneiden.
2 EL Öl		→ im Topf erhitzen und Speck, Zwiebeln, Knoblauch darin anbraten.
	→ Karotten und Lauch in den Topf geben	→ und andünsten.
600 g Tiefkühlerbsen	→ dazuschütten.	
1 ½ l Wasser	→ mit dem Messbecher abmessen, in den Topf gießen	→ und 30 Minuten köcheln lassen. Die Suppe gelegentlich umrühren.
3–4 mehligkochende Kartoffeln (groß wie eine Kinderfaust)	→ schälen und in Stücke schneiden (groß wie eine Kastanie)	→ und in die Suppe geben. Weitere 30 Minuten köcheln lassen. Umrühren nicht vergessen!
1 TL Gemüsebrühpulver	→ in die Suppe geben.	→ Den Topf vom Herd nehmen, in die Spüle stellen und ein paarmal mit dem Stabmixer in die Suppe gehen. (Es sollten nicht alle Erbsen kaputtgehen.)
Salz, Pfeffer, Majoran und Bohnenkraut		→ Die Suppe würzen.
	Mahlzeit!	→ Die Suppe auf Teller verteilen.

Salate

Da haben wir den Salat ...

Super Salatmix

Wähle einen Salat

Eichblatt

Kopfsalat

Feldsalat

Eisberg

Rucola

Romana

Lollo rosso

Zuerst den Salat waschen: Wasser in das Spülbecken einlassen, die Blätter abzupfen und baden (aber ohne Seife!).

Dann die Salatblätter aus dem Wasser nehmen und in einem Sieb gut durchschütteln oder in einer Salatschleuder trocknen.

Die Salatblätter in mundgerechte Stücke zupfen (eventuell auch mit der Schere schneiden) und in eine große Salatschüssel legen.

Mach den Salat bunt

Tomaten

Salatgurke

Karotten

Maiskörner

Champignons

Staudensellerie

Paprika

Such dir dein Lieblingsgemüse aus oder nimm das, was gerade zu Hause ist.

Wasche das Gemüse (Tomate, Paprika, Staudensellerie), manches muss man schälen (Salatgurke, Karotte).

Schneide das Gemüse in kleine Stücke. Es soll so groß sein, dass es leicht in deinen Mund passt. Das Gemüse legst du auch in die Schüssel.

Wer es knusprig mag

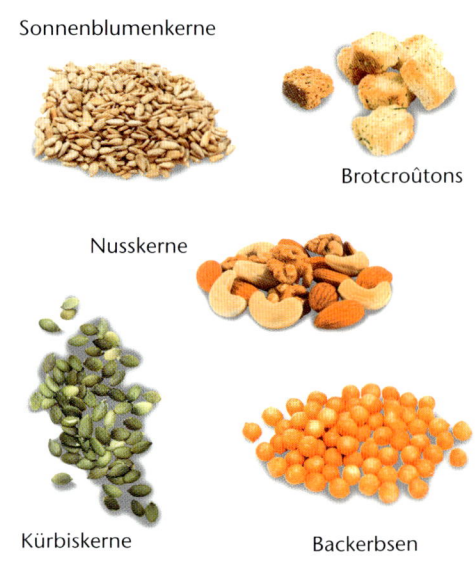

Sonnenblumenkerne

Brotcroûtons

Nusskerne

Kürbiskerne

Backerbsen

Ich mag es besonders, wenn der Salat schön knuspert. Deswegen streue ich Brotcroûtons, Backerbsen, Nüsse (Walnüsse, Haselnüsse) oder angeröstete Körner (Sonnenblumenkerne, Kürbiskerne) über den Salat.

Das Rösten der Körner sollte der große Koch machen. Einfach die Körner in eine beschichtete Pfanne streuen (ohne Fett) und unter Rühren goldbraun rösten.

Salat aufmotzen

gekochtes Ei

gekochter
Schinken

Schafskäse

Mozzarella

Wer möchte, kann Käse, Ei oder gekochten
Schinken – oder alles zusammen – in den
Salat geben. Das Ei muss vorher hart gekocht
werden (das macht der große Koch).

Käse und Schinken schneidest du vorher
klein. Die Stücke sollten so groß sein, dass
sie bequem in deinen
Mund passen.

Mein Tipp

Wer keinen Stabmixer hat, kann zum
Mixen des Dressings auch ein großes
Marmeladenglas mit Schraubverschluss
nehmen. Der große Koch schraubt
den Deckel gut fest, der kleine Koch
schüttelt das Glas und mixt das
Dressing wie bei einem Cocktailshaker.

Dressing – das i-Tüpfelchen beim Salat

Aufgaben für den kleinen Koch:
Alle Zutaten nacheinander abmessen und in einen schmalen,
hohen Becher füllen. Darin wird alles zum Schluss püriert.

Hier steht die Menge:	Hiervon musst du jeweils eines auswählen:
2 EL	Weißweinessig oder Zitronensaft oder Limettensaft oder Rotweinessig oder Balsamico-Essig
3 EL	Olivenöl oder Sonnenblumenöl oder Leinsamenöl oder Kürbiskernöl oder Sesamöl oder Joghurt
½ TL	Salz
1 Prise	Pfeffer
1 EL	Zucker oder Honig oder Ahornsirup oder Preiselbeeren
1 EL	Salatkräuter (frisch oder tiefgekühlt) und/oder
1 EL	Senf und/oder
½	Zwiebel in Würfeln und/oder
1	Knoblauchzehe in Würfeln
1 EL	Schnittlauchröllchen und/oder
1 EL	Pesto
ein paar EL	Leitungswasser oder Saft oder Milch

Jetzt kommt der große Koch:
Mit dem Stabmixer das Dressing pürieren. So wird
es schön cremig. Wenn es zu dickflüssig ist, mit
etwas Leitungswasser, Saft oder Milch verdünnen.

Tomaten-Bananen-Salat

Willis Lieblings- salat

Küchengeräte

Zutaten	Kleiner Koch	Großer Koch
5 große Tomaten (500 g)	→ waschen, und in kindermundgerechte Stücke schneiden. Ab in die Schüssel!	→ halbieren, Strunk entfernen,
2 Bananen (300 g)	→ schälen, in Taler schneiden. Jeden Taler vierteln (wie Tortenstücke) und in die Schüssel geben.	
½ rote Zwiebel		→ schälen, in Stücke schneiden und zu den Tomaten und Bananen geben.
15–20 Blättchen Basilikum	→ abzupfen, waschen und in dünne Streifen schneiden (geht super mit einer sauberen Bastelschere).	
3 EL Himbeeressig 3 EL Olivenöl 1 EL Honig 1 Prise Salz 1 Prise Pfeffer etwas Wasser	→ in ein Marmeladenglas mit Deckel füllen	→ und gut zuschrauben, schütteln.
	→ Das Dressing über den Salat gießen	→ und gut vermischen.

Da haben wir den Salat!

Willi
Passt super als Beilage zu Chicken Wings (S. 80) oder zu Gegrilltem!

Willi Spezial-Info:
Rote Zwiebeln sind bekömmlicher als die Haushaltszwiebel. Deshalb verwende ich sie am liebsten, besonders wenn die Zwiebeln roh im Salat gegessen werden.

Nüdelchensalat

Willi
Passt gut zu Frikadellen (S. 84) oder Würstchen. Für den Kindergeburtstag oder zur Grillfeier.

Küchengeräte

Zutaten	Kleiner Koch	Großer Koch
500 g »Mini«-Nudeln (z.B. Farfalle, Fussili oder Hörnchen)	→	→ kochen (siehe S. 58) und abkühlen lassen.
200 g Tiefkühlerbsen	→ im Sieb unter warmem Wasser kurz abspülen und abtropfen lassen, während die Nudeln kochen.	
1 Knoblauchzehe		→ schälen, klein schneiden.
2 EL Öl		→ in einem Topf erhitzen.
125 g gewürfelten Speck		→ im Topf anbrutzeln, bis er knusprig ist. Knoblauch kurz mitbraten (aber nicht zu lange, damit er nicht braun und bitter wird).
		→ Den Speck mit den Nudeln und den Erbsen in eine große Schüssel geben.
	→ Mit dem Salatbesteck gut vermischen.	
ca. 100 g geriebener Parmesan (etwa 4–5 Kinderhändevoll)	→ unter die Nudeln mengen.	
3 Zitronen	→ mit der Saftpresse auspressen.	→ Helfen, wenn dem kleinen Koch das Pressen zu schwerfällt.
5 EL Öl 4 EL Zucker 1 Msp. Salz 1 Msp. Pfeffer	→ in ein Marmeladenglas geben und den Zitronensaft dazugießen.	→ Glas gut zuschrauben.
	→ Das Glas gut schütteln.	→ Das Dressing über den Salat gießen und gut vermischen.

Schmeckt »molto buono«!

Kuss-Kuss-Salat

Zeit zum Ziehenlassen: ca. 1 Stunde

Küchengeräte

Zutaten	Kleiner Koch	Großer Koch
250 g Couscous		zubereiten wie auf der Packung beschrieben, in eine Salatschüssel füllen.
50 g Pinienkerne		in einer Pfanne ohne Öl rösten.
5 getrocknete Tomaten	in kleine Streifen schneiden.	
½ Salatgurke	mit dem Gemüseschäler schälen	und längs halbieren, dann längs vierteln und mit einem Löffel entkernen.
	Die langen Gurkenviertel in Scheiben schneiden (dick wie 1-Euro-Stücke) und zum Couscous geben.	
10 Cocktailtomaten	waschen und halbieren.	Vierteln und zum Couscous geben.
1 rote Zwiebel		schälen, fein würfeln und dazugeben.
2 Limetten	halbieren und mit der Saftpresse auspressen (siehe Tipp S. 40).	Dem kleinen Koch helfen, wenn seine Muskeln schlappmachen!
6 EL Olivenöl 1 Msp. Pfeffer 1 Msp. Salz 1 TL Ras el hanout (orientalische Gewürzmischung)	in einer Schale mit dem Limettensaft vermischen und über den Couscous gießen.	Couscous mit einer Gabel lockern (mit dem Löffel verklebt es leicht). Den Salat am besten 1 Stunde ziehen lassen; je länger, desto besser.
5 Zweige frische Minze und/oder glatte Petersilie	waschen, die Blätter abzupfen, mit einer Schere klein schneiden	und kurz vor dem Essen über den Couscous verteilen.

Willi Spezial-Info

Couscous kommt aus Nordafrika. Er wird aus Weizengrieß hergestellt und ist dort ein Grundnahrungsmittel, wie bei uns die Kartoffel. Grieß entsteht beim Getreidemahlen, es ist also ein Stückchen des Korns.

Mein Tipp
Wenn man die gehackte Zwiebel kurz in wenig Fett glasig dünstet, schmeckt sie milder und ist leichter verdaulich. Unerwünschte Pupse werden so ganz einfach vermieden. ☺

Mein Tipp

Zitronen, Orangen und Limetten lassen sich manchmal schwer auspressen. Vor dem Halbieren ein wenig drücken und kneten, dann geht der Saft beim Pressen besser raus.

Karotten-Apfel-Salat

Küchengeräte

Zutaten	Kleiner Koch	Großer Koch
5 Karotten (ca. 300 g)	→ ... und mit der Reibe vorsichtig raspeln. Zum Schluss solltest Du nur noch das Endstück in der Hand halten.	→ mit dem Schäler schälen, die Enden noch nicht abschneiden
		Die geraspelten Karotten in die Schüssel geben.
300 g Äpfel (1 ½ große oder 2 kleine Äpfel)	→ Die Apfelstücke mit der Reibe raspeln und in die Schüssel geben. Wenn die Stücke zu klein werden, an den großen Koch übergeben.	→ mit dem Gemüseschäler schälen, vierteln und entkernen.
		→ Die kleinen Stücke vorsichtig raspeln. Karotten und Apfelraspel in der Schüssel miteinander vermischen.
½ Zitrone	→ auspressen.	

1 TL Honig
1 Prise Salz
1 Prise Pfeffer
1 EL Öl → zum Zitronensaft geben und in einem Schälchen mit einer Gabel verrühren.

→ Karotten und Äpfel in der Schüssel mit dem Dressing vermischen.

 So frisch und lecker!

Tipp
Wenn es eine flache Reibe ist, die Reibe über eine Schüssel legen; einen »Reibeturm« auf einen Teller stellen.

Willi Spezial-Info
Die Karotte enthält viele wertvolle Wirkstoffe, einer ist Beta-Karotin, das der Körper zu Vitamin A verarbeitet. Doch kann der Körper die Wirkstoffe der Karotte nur aufnehmen, wenn man sie mit ein wenig Fett isst. Daher der Löffel Öl im Salat.

Kartoffeln

Tolle Knollen!

Kartoffeln kochen

Küchengeräte

Salzkartoffeln

Kartoffeln mit einem Gemüseschäler schälen, dabei Triebe oder grüne Stellen entfernen, und in einen großen Topf legen.

Dann den Topf mit Wasser füllen, bis die Kartoffeln gerade so bedeckt sind, und etwa einen Teelöffel Salz dazugeben.

Den Topf mit Deckel auf den Herd und die Platte auf die höchste Stufe stellen. Wenn das Wasser kocht, die Temperatur so niedrig drehen, dass das Wasser nur noch köchelt. Damit das so bleibt, einfach den Deckel etwas schräg auf den Topf legen, sodass ein kleiner Spalt frei bleibt.

Tipp
Die Kartoffeln sollten ungefähr gleich groß sein, dann sind sie auch gleichzeitig fertig. Schneller geht es, wenn man die Kartoffeln nach dem Schälen in kleinere Stücke schneidet.

Ab jetzt die Zeit messen und nach 20 Minuten das erste Mal probieren: Dazu mit einem spitzen Messer in eine Kartoffel piksen. Wenn die Kartoffel von selbst vom Messer zurück in das Wasser rutscht, ist sie gar. Je nach Größe kann es auch schon mal 30 Minuten dauern, bis die Salzkartoffeln fertig gekocht sind.

Zum Schluss den Topf vorsichtig über der Spüle ausgießen. Vorsichtig deshalb, weil der Dampf, der

aus dem Topf steigt, sehr heiß ist! Wenn die Spüle sauber ist, einfach die Kartoffeln mit herausfallen lassen. Oder ein Sieb in die Spüle stellen und den Topf darüber ausgießen.

Ganz wichtig!
Kartoffeln sollten nie roh gegessen werden. Ungekocht hat die Kartoffel Inhaltsstoffe, die Bauchschmerzen, Durchfall oder Gliederschmerzen bewirken können.

Pellkartoffeln

Dazu werden die Kartoffeln ungeschält gekocht. Zuerst waschen und die Erde, die manchmal noch an der Kartoffel haftet, mit einer Bürste abbürsten. Grüne Stellen und Triebe müssen vor dem Kochen weggeschnitten werden. Dann die Kartoffeln in einen großen Topf legen.

Den Topf so lange mit Wasser füllen, bis die Kartoffeln gerade eben mit Wasser bedeckt sind. Salz muss bei Pellkartoffeln nicht mit ins Wasser.

Den Topf mit Deckel auf den Herd und die Platte auf die höchste Stufe stellen. Wenn das Wasser kocht, die Temperatur so niedrig drehen, dass das Wasser nur noch köchelt. Damit das so bleibt, einfach den Deckel etwas schräg auf den Topf legen, sodass ein kleiner Spalt frei bleibt.

Ab jetzt die Zeit messen und nach 20 Minuten das erste Mal probieren: Dazu mit einem spitzen Messer in eine Kartoffel piksen. Wenn die Kartoffel von selbst vom Messer zurück in das Wasser rutscht, ist sie gar. Je nach Größe kann es auch 30 Minuten dauern, bis die Pellkartoffeln gar sind.

Jetzt den Topf vorsichtig über der Spüle ausgießen. Vorsichtig deshalb, weil der Dampf, der aus dem Topf steigt, sehr heiß ist! Wenn die Spüle sauber ist, einfach die Kartoffeln mit herausfallen lassen. Oder ein Sieb in die Spüle stellen und den Topf darüber ausgießen. Danach die Kartoffeln pellen.

Tipp

Pellkartoffeln lassen sich am besten heiß pellen. Weil man sich da leicht die Pfoten verbrennen kann, am besten immer eine Schüssel mit Eiswasser parat haben, in die man zwischendurch die Hand und/oder die Kartoffel eintauchen kann.

Sorten

Bei Kartoffeln unterscheidet man zwischen mehligkochend und (vorwiegend) festkochend. Mehligkochende Kartoffeln werden z.B. für Püree (wird auch Kartoffelbrei, Kartoffelmus, Stampf oder Stopfer genannt), für Knödel oder Suppen verwendet. (Vorwiegend) Festkochende Kartoffeln eignen sich gut für Kartoffelsalat oder Bratkartoffeln.

Geschichte der Kartoffel

Die Kartoffel stammt ursprünglich aus dem hohen Bergland Südamerikas, den Anden. Dort haben die Indianer schon vor weit über 2.000 Jahren Kartoffeln angebaut. Vor rund 500 Jahren brachten Seefahrer mit ihren großen Segelschiffen Kartoffeln nach Europa. Anfangs wussten die Menschen hier bei uns noch nicht, dass man Kartoffeln essen kann. Sie achteten nur auf den oberirdisch wachsenden Teil der Pflanze, und so war es für sie nur eine schöne Blume. Sie sagten wahrscheinlich Dinge wie: »Oh diese Kartoffel blüht aber wunderschön!« Oder: »Danke mein Verehrer, haben Sie diese Kartoffeln für mich gepflückt?« Wenn wir heute »Kartoffel« sagen, meinen wir meistens nur die Knolle der Pflanze, den essbaren Teil. Und der steckt unter der Erde.

Kartoffelpuffer

Reibekuchen, Reiberdatschi, Kartoffelplätzchen, Erdäpfelpuffer, Dotsch

Küchengeräte

Zutaten	Kleiner Koch	Großer Koch
10 mehligkochende Kartoffeln (so groß wie eine Kinderfaust)	mit der Reibe über dem Teller raspeln, grob oder fein – wie man es lieber mag (ausprobieren!).	schälen und Dem kleinen Koch beim Reiben der Endstücke helfen.
		Ein Stück Küchenpapier im Sieb auslegen. Die Kartoffelmasse daraufgeben und 10 Minuten über der Spüle abtropfen lassen. Die Kartoffelmasse zurück in die Schüssel geben.
1 Zwiebel		schälen und zu den Kartoffeln reiben.
1 TL Salz **½ TL geriebene Muskatnuss** **5 EL Mehl** **4 Eier** **4 EL Sahne**	dazugeben. Ärmel hoch und alles mit den Händen vermengen.	
Butterschmalz oder Öl	Mit Sicherheitsabstand zuschauen, und wenn du meinst, du willst das Pufferbacken auch mal probieren, dann frag den großen Koch, ob er es dir erlaubt.	in die Pfanne geben, sodass der Boden leicht bedeckt ist. Den Herd auf mittlere Hitze stellen. Pro Puffer einen gehäuften Esslöffel der Masse in das heiße Fett geben und flach drücken. Vorsicht: Spritzer! Die Puffer von beiden Seiten knusprig braten.
		Die fertigen Puffer auf einen Teller mit Küchenpapier legen – so wird das überschüssige Fett aufgesogen – und warm stellen (siehe Tipp).
1 Glas Apfelmus	in eine Schale füllen und auf den Tisch stellen. Puffer mit Apfelmus genießen!	öffnen,

Tipp
Ofen auf 50 °C erhitzen und den Teller mit den fertigen Kartoffelpuffern hineinstellen. So bleiben sie bis zum Essen schön warm.

Mein Tipp
Wem Kartoffelpuffer mit Apfelmus zu süß sind, der kann auch einen Salat dazu essen. Gut schmecken auch Räucherlachs, Blattspinat oder Kräuterquark dazu!

Kartoffelpüree

Küchengeräte

Zutaten	Kleiner Koch	Großer Koch

Zutaten | **Kleiner Koch** | **Großer Koch**

10 mehligkochende Kartoffeln (groß wie eine Kinderfaust)

→ schälen und in Stücke schneiden (groß wie eine Kastanie).

→ Kochen (siehe S. 44). Die gekochten Kartoffeln durch einen Durchschlag abgießen und zum Stampfen in eine Schüssel füllen.

→ Die gekochten Kartoffeln mit dem Kartoffelstampfer zerstampfen

→ ... oder durch eine Kartoffelpresse drücken. Dem kleinen Koch helfen!

250 ml Milch → mit dem Messbecher abmessen und in ein kleines Töpfchen gießen.

1 Stück Butter (groß wie eine Streichholzschachtel)

→ mit der Milch im Töpfchen schmelzen. Die heiße Milch-Butter-Mischung über die gestampften Kartoffeln gießen.

→ Das Kartoffelpüree gut mit dem Kochlöffel verrühren.

Salz, Pfeffer, Muskat

→ Zum Abschmecken.

Fertig ist der heiße Kartoffelbrei – nicht drumherumreden, essen! ☺

Willi

Schmeckt gut zu Fischstäbchen (S. 86), Saltimbocca vom Lachs (S. 88) oder Paprikabooten (S. 83).

Willis Quizfrage
Was haben diese zum Teil komischen Wörter gemeinsam?
Äbirre, Ärpel, Arber, Bodabirra, Bodenäppel, Doffel, Erdäpel, Erdapfel, Erpfl, Grandbere, Grompere, Grumpara, Grumber, Guml, Hääbi, Härpfl, Häpärä, Herdäpfel, Kadoffl, Kadduwin, Kantüffel, Krumbern, Nudel, Pipper, Potaggn, Schrumpern, Tüfte.
Antwort:
Das sind verschiedene deutsche Dialekte, und allesamt meinen sie dasselbe, nämlich »Kartoffel«. Fast jede Region in Deutschland hat ihre eigene Bezeichnung für diese tolle Knolle.

Kartoffelsuppe

Oder wie meine Oma sagt: Kadowwelsupp

Willis Lieblings-kartoffel-gericht

Küchengeräte

Zutaten	Kleiner Koch	Großer Koch

Zutaten | ### Kleiner Koch | ### Großer Koch

5 mehligkochende Kartoffeln, groß wie eine Kinderfaust
1 Stück Knollensellerie
→ Kartoffeln und Sellerie in kleine Stücke schneiden (dick wie Kinderdaumen).
→ Die Kartoffeln und den Sellerie schälen und grob zerkleinern, damit der kleine Koch sie leichter in kleine Stücke schneiden kann.

1 Zwiebel
1 Knoblauchzehe
→ schälen und klein schneiden.

1 Karotte → schälen und in Stücke schneiden.

1 Stück Butter (groß wie eine Kastanie)
→ im Topf erhitzen. Die Zwiebel und den Knoblauch kurz andünsten, dann das Gemüse hinzugeben.

1 l warmes Wasser → mit dem Messbecher abmessen,
→ in den Topf gießen.

2 TL Gemüsebrühpulver → dazugeben und umrühren.
→ Die Suppe 20 Minuten köcheln lassen, den Topf vom Herd nehmen, in die Spüle stellen und die Suppe mit dem Stabmixer pürieren.

Salz, Pfeffer, Majoran
→ Mit den Gewürzen abschmecken und die Suppe auf Teller verteilen.

Lecker schmecker!

Mein Tipp

Ich esse diese Suppe am liebsten mit gebratenem Speck (große Köche: Speck würfeln, in der Pfanne anbraten und in die Suppe streuen), mhhhhh! Oder aber mit einem Wiener Würstchen (einfach 5 Minuten in die warme Suppe legen), auch mhhhhh!

Kartoffelsalat

Ruhezeit für den Salat: 1 bis 2 Stunden

Willi

Passt super zu Würstchen oder zum Knusperschnitzel (S. 78), den Chicken Wings (S. 80) oder den Fischstäbchen (S. 86)!

Küchengeräte

Zutaten	Kleiner Koch	Großer Koch
10 festkochende Kartoffeln (so groß wie eine Kinderfaust)	→ waschen	→ und mit der Schale kochen (siehe S. 45). Etwas auskühlen lassen und pellen (heiß geht das besser als kalt). Anschließend vierteln.
	→ Die Kartoffelviertel in Scheiben schneiden (dick wie 1-Euro-Stücke) und in die Schüssel legen.	
1 Salatgurke		→ schälen und der Länge nach halbieren. Die Hälften entkernen und noch mal längs halbieren.
	→ Die Gurkenstangen in Scheibchen schneiden, so dünn wie möglich.	
1 (rote) Zwiebel		→ schälen und fein würfeln.
2 EL Öl	→ in das Töpfchen geben,	→ die Zwiebel darin glasig dünsten. Danach vom Herd nehmen und über die Kartoffeln geben.
2 TL Salz	→ über die Kartoffeln streuen.	
150 ml Obstessig 150 ml heißes Wasser 1 EL Brühpulver 1 EL Honig 2 EL Öl	→ abmessen und in das Töpfchen geben,	→ gut verrühren und eventuell noch mal erhitzen, damit sich Brühe und Honig auflösen.
	→ Die warme Brühe über die Kartoffeln gießen (Vorsicht, der kleine Topf ist heiß).	→ Alles gut mit dem Salatbesteck vermischen (vorsichtig arbeiten, damit der Salat nicht zu Matsch wird).
	→ Warten, spielen und sich auf den Kartoffelsalat freuen. An Guadn! (»Guten Appetit« auf Bairisch)	→ Den Salat 1 bis 2 Stunden ziehen lassen und kurz vor dem Essen noch mal vermischen.

Bratkartoffeln

Küchengeräte

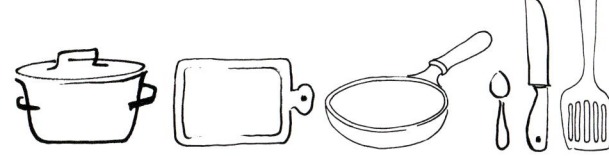

Zutaten	Kleiner Koch	Großer Koch
10 vorwiegend fest-kochende Kartoffeln (groß wie eine Kinderfaust)	→ waschen	→ und mit der Schale kochen (siehe S. 45). Etwas auskühlen lassen und pellen (heiß geht das besser als kalt). Anschließend halbieren.
	→ Die gepellten Kartoffelhälften in Würfel schneiden (groß wie Spielwürfel).	
3 EL Öl		→ in einer Pfanne auf der höchsten Stufe erhitzen, die Kartoffelwürfel vorsichtig in das heiße Fett geben. (Zuerst nur ein Kartoffelstück in die Pfanne legen. Wenn die Kartoffel brutzelt, ist es heiß.)
	→ Eventuell dem großen Koch beim Wenden der Kartoffeln helfen – vorher fragen.	
1 TL Salz **1 TL Pfeffer** **1 TL Majoran**	→ in die Pfanne streuen und gut verrühren.	→ Die Kartoffeln braten, bis sie goldbraun sind, dabei gelegentlich wenden. Geduld: Es dauert, bis die Bratkartoffeln schön knusprig sind. Dann die Pfanne vom Herd nehmen.

Tipp
Bratkartoffeln sind toll, wenn ihr gekochte Kartoffeln vom Vortag übrig habt.

Smakelijk!
(»Guten Appetit« auf Niederländisch)

Mein Tipp
Kartoffelgratin mit Lauch.
Einfach eine Stange Lauch
putzen, in Scheiben schneiden
und diese gleichmäßig zwischen
die Kartoffeln in die Form legen.

Kartoffelgratin

So wird das ausgesprochen: Gratäh (das äh durch die Nase sprechen)

Küchengeräte

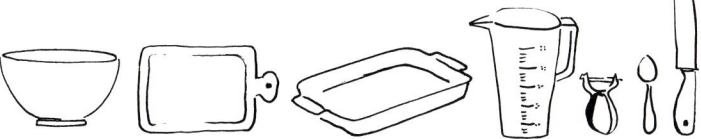

Zutaten	Kleiner Koch	Großer Koch
		→ Den Backofen auf 160 °C vorheizen.
1 kg oder 10 vorwiegend festkochende Kartoffeln (so groß wie eine Kinderfaust)		→ schälen und in Scheiben schneiden (dünn wie 1-Euro-Stücke).
	→ Beim Schneiden mithelfen. Dann die Kartoffelscheiben wie Dachziegel in die Auflaufform legen.	
100 g süße Sahne 120 ml Milch	→ mit dem Messbecher abmessen und in eine Schale füllen.	
1 TL Brühe 1 Prise Salz ½ TL Pfeffer ½ TL Muskatnuss	→ dazugeben, verrühren	→ ... und über die Kartoffeln gießen. Das Gratin im Ofen 30 Minuten backen.
100 g geriebenen Käse (z.B. Gouda oder Emmentaler) – besser: Käse am Stück kaufen und selbst reiben	→ über das Gratin verteilen (Vorsicht: heiß!).	→ Das Gratin herausholen und dem kleinen Koch mit dem Käse helfen.
	→ Gratin durch die Ofenscheibe beobachten: Wenn der Käse goldbraun ist, Bescheid geben.	→ Das Gratin wieder in den Ofen schieben, noch 15 Minuten bei 180 °C überbacken und die Auflaufform aus dem Ofen holen.

Bon appétit!
(»Guten Appetit« auf Französisch)

Willi

Dazu passt ein knackiger bunter Salat (S. 34), Chicken Wings (S. 80) oder Frikadellen (S. 84). Das kann prima zubereitet werden, während das Gratin im Ofen ist.

Willi Spezial-Info:
Der Kartoffelkäfer und seine Larven futtern gerne Kartoffelpflanzen. Wenn sie auftauchen, wird der Kartoffelbauer nervös, denn sie können innerhalb kurzer Zeit ganze Felder kahl fressen.

Folienkartoffeln

Große Klasse: im Sommer auf dem Holzkohlegrill zubereiten!

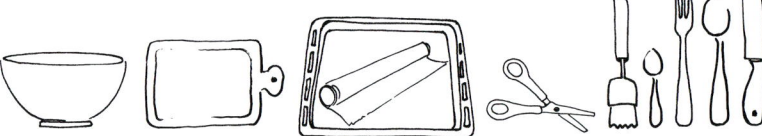

Küchengeräte

Zutaten	Kleiner Koch	Großer Koch
		→ Den Ofen auf 220 °C vorheizen.
6 vorwiegend fest-kochende Kartoffeln (so groß wie Papas Faust)	→ sauber waschen und jede Kartoffel mit der Gabel an 4 verschiedenen Stellen einstechen.	→ 6 Stücke Alufolie (so groß wie ein DIN-A4-Papier) auf die Arbeitsplatte legen.
6 EL Olivenöl	→ mit dem Pinsel auf die Alufolie streichen, 1 Esslöffel pro Folie.	→ Die Kartoffeln auf die Alufolienstücke legen und mit Salz und Pfeffer bestreuen.
	→ Die Kartoffeln fest einwickeln. Die Alu-päckchen auf das Backblech legen,	→ in den Ofen schieben und 55 Minuten backen.
500 g Magerquark 4 EL Milch	→ in einer Schale verrühren.	
1 Bund Schnittlauch	→ waschen, mit einem Küchentuch trockentupfen und in Röllchen schneiden.	
1 Bund glatte Petersilie	→ waschen, trockentupfen, die Blätter abzupfen.	→ Petersilienblätter mit einem Messer fein hacken.
1 »Beet« Kresse	→ mit der Schere »ernten«.	
	→ Alle Kräuter in die Schüssel mit dem Quark geben und gut verrühren.	
Salz und Pfeffer		→ Zum Abschmecken.
		→ Nach 55 Minuten eine Kartoffel aus dem Ofen holen und vorsichtig testen, ob sie schon weich ist. Ansonsten 5 Minuten weiterbacken.
	Die Kartoffeln so essen, dass zum Schluss nur noch die Schale übrig ist. Oh, natürlich nicht nur pur essen, sondern mit dem Quark genießen!	→ Die Kartoffeln auspacken, auf Teller legen, oben aufschlitzen und den Kräuterquark dazustellen.

Tipp
Klein geschnittene Radieschen in den Quark rühren. Schmeckt lecker!

Willis Pommes

Willi
Passt zu Hamburger (S. 85) oder als Beilage zu Gegrilltem. Auch gut: ein frischer Salat (S. 34)!

Küchengeräte

Zutaten	Kleiner Koch	Großer Koch
		→ Topf mit Salzwasser aufsetzen und den Ofen auf 180 °C (160 °C Umluft) vorheizen.
5 Kartoffeln (so groß wie eine Kinderfaust)	→ schälen	→ und längs halbieren.
	→ Jede Kartoffelhälfte längs in 3 Streifen schneiden, diese noch mal schneiden, bis sie wie Pommes aussehen.	
	→ Eieruhr auf 2 Minuten stellen.	→ Wenn das Wasser kocht, die Kartoffelstreifen hineingeben und 2 Minuten kochen. Dann in ein Sieb abgießen.
5 EL Öl 1 EL Salz 1 EL Paprikapulver (edelsüß)	→ in eine Schüssel schütten und mit den Kartoffelstreifen vermischen (mit einem Kochlöffel, denn die Kartoffelstreifen sind noch heiß).	→ Backpapier auf das Backblech legen.
	→ Kartoffelstreifen mit der Hand auf dem Blech verteilen.	→ Pommes in ca. 30 Minuten goldgelb backen und aus dem Ofen holen.
	☺ Fertig sind Willis Pommes!	

Willi Spezial-Info

Pommes kommen nicht, wie viele meinen, aus Amerika, sondern aus Europa. Die Belgier und die Franzosen streiten sich bis heute darüber, wer die Pommes erfunden hat. Pommes sind eigentlich nicht so gesund, weil sie oft in viel Öl frittiert und dann mit fettigen Saucen gegessen werden. Meine Pommes werden im Ofen gebacken und sind daher nicht so fettig. Pommes von der Pommesbude kann man auch mal essen, aber halt nicht zu oft und vielleicht mal mit Kräuterquark statt mit Mayo.

Nudeln

Nudel-Dudel

Nudeln kochen

Kleiner Koch

Tipp
Nudeln schwimmen gern in richtig salzigem Wasser, dann schmecken sie besser und sind trotzdem nicht versalzen. Das hat mir eine italienische »Mama« verraten.

→ Auf die Packung schauen, wie lange die Nudeln kochen müssen und die Eieruhr stellen.

→ ... und testen, ob die Nudel bissfest, also fertig ist.

Großer Koch

→ Den Topf mit Wasser füllen (für 500 Gramm Nudeln ca. 4 Liter), auf der höchsten Stufe erhitzen. Dabei den Deckel auf den Topf legen, dann kocht das Wasser schneller.

→ Wenn das Wasser sprudelnd kocht, den Deckel abnehmen und Salz in das Wasser geben (pro 100 Gramm Nudeln wenigstens 1 Esslöffel).

→ Die Nudeln in das Wasser geben und ohne Deckel kochen. Gelegentlich umrühren, denn Nudeln bleiben gerne am Boden kleben.

→ Kurz vor Ende der Kochzeit eine Nudel aus dem Topf holen, pusten ...

→ Wenn die Nudeln fertig sind, den Topf vom Herd nehmen, ein großes Sieb oder einen Durchschlag in die Spüle stellen und die Nudeln abgießen. In eine Schüssel geben.

→ Damit die Nudeln nicht zusammenkleben, kann man sie nach dem Kochen mit 1 Esslöffel Olivenöl vermischen.

Wann werden die Nudeln gekocht?

Gegessen wird erst, wenn die Sauce fertig ist. Es ist nicht schlimm, wenn die Sauce vor den Nudeln fertig ist, doch es sollte nie umgekehrt sein.

Das bedeutet, wenn ich weiß, dass ich für die Sauce ungefähr 15 Minuten brauche, dann setze ich gleich zu Beginn die Nudeln mit auf.

Bei Saucen, die länger brauchen, setze ich das Nudelwasser etwas später auf. (Ja, toller Tipp, aber ich mach's halt so.) In diesem Sinne: Mut zum Bauchgefühl!

Wenn die Sauce schon fertig ist, das Nudelwasser aber noch nicht kocht, einfach die Sauce vom Herd nehmen und kurz vor dem Essen noch einmal erhitzen.

Tipp

Lange Nudeln sind etwas knifflig zu essen. Wer die Gabel-Roll-Technik noch nicht wie ein Italiener beherrscht, einfach mutig üben, üben, üben! Du kannst auch die Nudeln vor dem Kochen durchbrechen oder nach dem Kochen klein schneiden.

Welcher Käse passt dazu?

Käse schmeckt vielen Menschen zu Nudeln gut – mir auch. Parmesankäse schmeckt gut, Mozzarella oder Gouda auch.
Einfach mal ausprobieren!

Meine Nudel-Koch-Tricks
Wenn die Nudeln kochen, die Hitze runterdrehen, sodass das Wasser nur leicht sprudelt.
Ein Gefäß mit kaltem Wasser neben den Herd stellen und etwas davon in den Topf gießen, wenn das Wasser überkochen will.

Spaghetti & Co.

Es gibt so viele verschiedene Nudelsorten: kurze, lange, breite, große, kleine, runde, gedrehte, grüne, rote, schwarze ...

Hier sind einige Sorten:
Lange Nudeln:

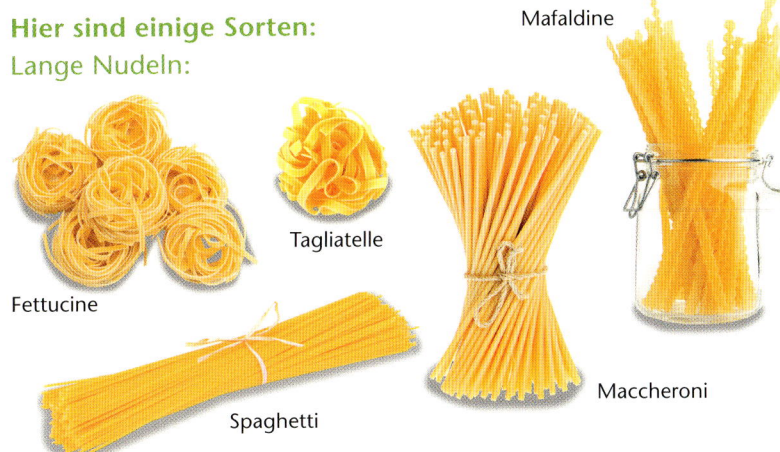

Mafaldine

Tagliatelle

Fettucine

Spaghetti

Maccheroni

Kurze Nudeln:

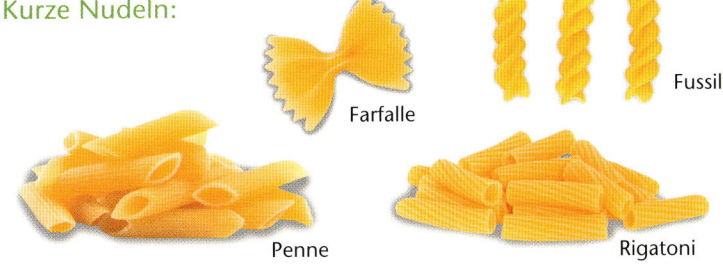

Fussili

Farfalle

Penne

Rigatoni

Gefüllte Nudeln:

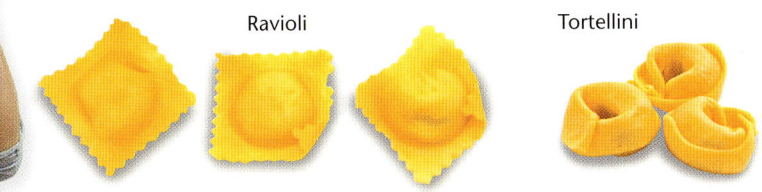

Ravioli

Tortellini

Eigentlich kann jede Nudel mit jeder Sauce kombiniert werden, doch hat bestimmt jeder seine »Lieblingskombi«. Hier gilt: Nudel nach Laune, Sauce nach Lust.

Tomatensauce

Willis Lieblings-sauce

Küchengeräte

Zutaten	Kleiner Koch	Großer Koch
1 Zwiebel **1 Knoblauchzehe**		→ schälen und grob würfeln.
2 EL Öl		→ im Saucentopf erhitzen, Zwiebel und Knoblauch darin andünsten.
½ l Tomatensaft	→ mit dem Messbecher abmessen und neben den Herd stellen.	→ An den letzten Tomatensaft im Flugzeug denken.
1 TL Honig	→ vom Löffel in den Topf tropfen lassen, Honigreste vom Löffel schlecken,	→ mit den Zwiebeln verrühren und kurz weiterdünsten.
	→ Den Tomatensaft in den Topf gießen	→ und verrühren.
2 EL Balsamico-Essig **2 TL Brühpulver**	→ dazugeben,	→ einrühren und 20 Minuten bei kleiner Flamme köcheln lassen. Anschließend die Sauce mit dem Stabmixer pürieren.
20 Blättchen Basilikum **(oder 1 TL getrocknetes)**	→ abzupfen, waschen, trockentupfen und klein schneiden (geht super mit einer sauberen Bastelschere).	
	→ Basilikum in die fertige Sauce streuen	→ und umrühren.
Salz und Pfeffer		→ Eventuell zum Abschmecken.

Mmmhhhhh!

> **Willi Spezial-Info**
> Meistens wird Essig aus Früchten hergestellt. Allerdings müssen die Früchte vorher zu Alkohol, z.B. Wein, gären. Apfelessig wird z.B. aus Apfelwein gewonnen, Balsamico-Essig aus Wein und damit aus Trauben. Aber keine Angst, der fertige Essig enthält keinen Alkohol mehr!

Gorgonzola-Spinat-Sauce

Küchengeräte

Zutaten	Kleiner Koch	Großer Koch
1 Zwiebel 1 Knoblauchzehe		→ schälen und grob schneiden.
2 EL Öl		→ im Saucentopf erhitzen, Zwiebel und Knoblauch darin andünsten.
125 g Sahne 125 ml Milch	→ mit dem Messbecher abmessen und in den Topf gießen.	→ 5 Minuten köcheln, dabei rühren.
200 g Tiefkühl-blattspinat	→ in die Sauce geben, umrühren	→ und kochen, bis der Spinat weich ist.
50 g Walnusskerne		→ mit dem großen Messer grob hacken.
100 g Gorgonzola	→ in Stücke schneiden (groß wie eine ungeschälte Ednuss) und in die Sauce geben.	→ Käse mit dem Schneebesen einrühren, bis er geschmolzen ist. Den Topf vom Herd nehmen, in die Spüle stellen und die Sauce kurz mit dem Stabmixer pürieren.
Salz und Pfeffer		→ Zum Abschmecken.

Afiyet olsun!
(»Guten Appetit« auf Türkisch)

Willi Spezial-Info
Gorgonzola ist ein Schimmelkäse. Dieser Schimmelpilz schadet aber nicht der Gesundheit, so wie ein verschimmelter Joghurt oder ein verschimmeltes Brot. Beim Käse handelt es sich um einen Edelschimmel, der für Menschen ungefährlich ist. Edelschimmel verleiht Lebensmitteln einen ganz besonderen Geschmack. Gorgonzola schmeckt viel sanfter als er stinkt, äh riecht.

Bolognese

Die vielleicht berühmteste aller Nudelsaucen

Willi
Dazu gehört Parmesan-
käse und ein frischer
grüner Salat!

Küchengeräte

Zutaten	Kleiner Koch	Großer Koch
1 Zwiebel 1 Knoblauchzehe		→ schälen und fein würfeln.
1 große Karotte	→ schälen, Die dünnen Karottenstifte quer zu Mini-würfelchen schneiden oder hacken.	→ längs in Streifen schneiden, dann die Streifen zu dünnen Stiften schneiden.
2 Stangen Staudensellerie	→ waschen, die Enden abschneiden Die Selleriestifte quer in erbsengroße Stücke schneiden.	→ und längs in Stifte schneiden.
3 EL Öl		→ in einem Topf erhitzen. Zwiebel- und Knoblauchwürfel darin andünsten.
400 g Rinderhackfleisch		→ dazugeben und mitbraten. Dabei mit dem Schneebesen rühren, so zerteilt sich das Hack besser (bei beschichteten Pfannen mit einem Holz-Pfannenwender arbeiten).
		→ Wenn das Hackfleisch nicht mehr rot ist, Karotten- und Selleriewürfel dazugeben und kurz mitdünsten.
1 Packung pürierte To-maten (oder in Stücken)	→ in den Topf geben und verrühren.	→ Dem kleinen Koch beim Öffnen der Tomatenpackung helfen!
1 Tasse Wasser	→ dazugießen.	→ Falls zu wenig Flüssigkeit im Topf ist, etwas mehr Wasser dazugeben. Die Sauce bei geringer Temperatur 40 Minu-ten köcheln lassen, dabei gelegentlich umrühren.
1 TL Brühpulver	→ darüberstreuen und verrühren.	
20 Blättchen Basilikum (oder 1 TL getrocknetes)	→ abzupfen, waschen und klein schnei-den (geht super mit einer sauberen Bastelschere). Das Basilikum ganz zum Schluss in die Sauce rühren.	
Salz und Pfeffer	Buon appetito! (»Guten Appetit« auf Italienisch)	→ Die Sauce abschmecken.

Willi-Tipp

Dieser Saucenklassiker schmeckt auch klasse, wenn man ihn mit Geflügel- oder Kalbfleisch zubereitet. Vegetarier können auch Tofu verwenden. Diesen vor dem Anbraten einfach mit einer Gabel zerdrücken.

Basilikumpesto

Auch lecker zu Fisch, Fleisch und Gemüse ...

Küchengeräte

Zutaten	Kleiner Koch	Großer Koch
2 Bund Basilikum	waschen und trockenschütteln. Blätter abzupfen und in den hohen Becher stopfen.	
50 g Parmesan		reiben und rein damit in den Becher!
2 Knoblauchzehen		schälen, grob hacken und dazugeben. Wer keinen Knoblauch mag, kann den auch weglassen.
50 g Pinienkerne	hineinlöffeln (nicht in den Mund, sondern in die Pfanne).	Pfanne auf den Herd stellen und die Pinienkerne ohne Öl goldbraun rösten. Etwas abkühlen lassen und in den Becher geben.
120 ml Olivenöl	mit dem Messbecher abmessen und in den Becher gießen.	
		Alle Zutaten mit dem Stabmixer pürieren.
Salz, Pfeffer		Zum Abschmecken.
		Das Pesto direkt über die frisch gekochten Nudeln geben.

Mein Geheimtipp
Das Pesto kann zur Aufbewahrung in ein leeres Marmeladenglas gefüllt werden. Olivenöl auf das Pesto gießen, sodass die Oberfläche bedeckt ist. Im Kühlschrank hält es so leicht zehn Tage aus.

Schnelle Saucen

Küchengeräte

Zutaten

Wenn mal nur wenig Zeit ist, aber trotzdem gemeinsam gekocht werden soll, gibt es auch Nudeln und Saucen, die ganz schnell ohne viel Schnippeln zubereitet werden können – und damit meine ich nicht Ravioli aus der Dose!

Salbeibutter

100 g Butter
12 Salbeiblätter
Salz, Pfeffer

Die Butter in einem kleinen Topf zerlassen, die Salbeiblätter in der Butter brutzeln (3 bis 4 Minuten), bis sie knusprig sind. Eventuell mit Salz und Pfeffer abschmecken und am Tisch je nach Geschmack mit Parmesan bestreuen. Passt toll zu Ravioli oder Spaghetti. Salbei könnt ihr leicht selber »züchten«, bei mir wächst er auf dem Balkon.

Tomaten-Mozzarella-Sauce

20 Kirschtomaten
2 Mozzarella
4 EL Olivenöl
20 Blättchen Basilikum
Salz, Pfeffer

Die Kirschtomaten halbieren, die Mozzarella klein schneiden und in einer Schüssel vermischen. Das Olivenöl und die gewaschenen, trockengetupften Basilikumblätter dazugeben und vermischen. Alles unter die gekochten, noch warmen Nudeln heben, mit Salz und Pfeffer abschmecken. Am Tisch je nach Geschmack zusätzlich mit Parmesan bestreuen.

Brokkolipasta

1 Brokkoli
4 EL Olivenöl
Salz

Den Brokkoli waschen und in kleine Röschen schneiden. Die Nudeln nach Packungsanleitung kochen. Die letzten 5 Minuten die Brokkoli-Röschen dazugeben und mitkochen. Nudeln und Brokkoli abgießen, mit dem Olivenöl mischen und nach Geschmack am Tisch mit Parmesan bestreuen.

Weiße Sauce

200 g Joghurt
200 g Sahne
2 EL Olivenöl
50 g Parmesan
Salz, Pfeffer
Schnittlauch

Den Joghurt und die Sahne mit dem Olivenöl langsam in einem Topf erhitzen. Den geriebenen Parmesan einrühren, mit Salz und Pfeffer würzen und vom Herd nehmen. Wer möchte, kann noch Schnittlauch in Röllchen schneiden und darüberstreuen. Falls es jemanden interessiert: Schnittlauch wächst auch auf meinem Balkon.

> **Willi Spezial-Olivenöl-Info**
> Besonders wichtig für den Geschmack ist gutes Olivenöl. Es sollte »nativ« (also naturbelassen) und »kalt gepresst« sein. Die beste Qualität heißt »Natives Olivenöl Extra«. Aber Vorsicht: Mit diesem Olivenöl sollte man nichts heiß braten!

Mein Tipp
Dieses Rezept ist super zur
Resteverwertung, denn statt
Schinken kann man auch ein
übrig gebliebenes Schnitzel oder
Hähnchenfilet etc. nehmen!

Schinken-Eier-Nudeln

Willi
Perfekt dazu: ein Salat (S. 34)!

Küchengeräte

Zutaten	Kleiner Koch	Großer Koch
500 g Hörnchennudeln		→ kochen (siehe S. 58), mit kaltem Wasser abschrecken und in einem Sieb abgießen.
150 g gekochter Schinken	→ in kindermundgerechte Stücke schneiden.	
4 Eier	→ vorsichtig aufschlagen und in einer Schale mit dem Schneebesen verquirlen.	
1 Msp. Salz 1 Msp. Pfeffer	→ zur Eimischung geben und weiterrühren.	
2 EL Öl		→ in einer Pfanne erhitzen und den Schinken kurz darin anbraten.
	→ Die gekochten Nudeln mit einem großen Löffel in die Pfanne schaufeln	→ und einige Minuten mitbrutzeln.
	→ Die verquirlten Eier in die Pfanne gießen	→ und braten, bis das Ei gestockt (also fest) ist.
		→ Die Schinken-Eier-Nudeln auf Teller verteilen.

ⓒ Köstlich!

Willi Spezial-Info
Der Schneebesen heißt Schneebesen, weil man mit ihm durch kräftiges Rühren Eiweiß steif schlagen kann, das heißt dann Eischnee. Seine Form erinnert ein bisschen an einen Hexenbesen.

Hauptgerichte

Leckeres zum Sattessen

Pizza für alle

Küchengeräte

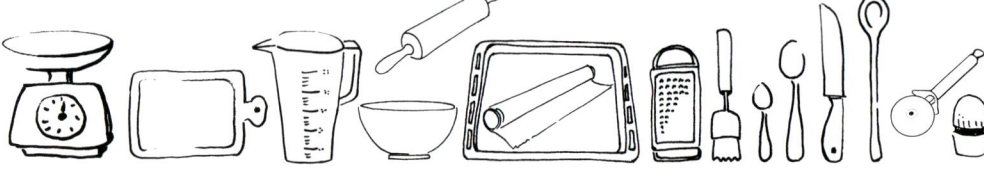

Was kann drauf?

Einfach aussuchen und immer mal etwas anderes als Pizzabelag ausprobieren. Das Gemüse immer vorher waschen, nur die Pilze nicht, die werden nur abgewischt, z.B. mit einem feuchten Küchentuch. Alles kleinschneiden.

Zucchini
Auberginen
Zwiebeln
Mais
Paprika
Spinat
Ananas
Champignons
Tomaten
Eier
Artischocken
Oliven
Thunfisch
Speck
Sardellen
Schinken
Salami
Fleischwurst

Käse auf der Pizza

Wohin mit dem Käse?
Manche legen den Käse direkt auf die Tomatensauce, andere legen den Käse zuletzt oben auf die Pizza. Das kann man machen, wie man möchte.

Welcher Käse?
Einfach mal ausprobieren. Am besten den Käse selbst reiben und nicht fertig geriebenen kaufen.

Gorgonzola
Mozzarella
Cheddar
Gouda
Edamer

Wie viel Käse?
Jeder, wie er mag!

Tomatensauce

1 Packung passierte Tomaten oder Tomaten in Stücken
1 TL Oregano
1 Msp. Salz
1 Msp. Pfeffer

Alle Zutaten in einem Schälchen verrühren. Die Sauce mit einem Esslöffel auf den Teig geben und mit der Rückseite des Löffels verteilen.

Pizza backen

Wie lang bleibt die Pizza im Ofen? Die Backdauer hängt von der Dicke und Größe der Pizza ab, beträgt aber ungefähr 20 bis 30 Minuten bei 200 °C (180 °C Umluft). Das kann auch länger dauern, je nach Ofen und Teigdicke. Am besten zwischendrin hineinschauen. Wenn der Käse gold-hellbraun und der Teig knusprig ist, kann die Pizza herausgeholt werden.

Tipp, wenn's »brennt«:
Wenn der Teig noch nicht fertig ist, der Käse aber schon braun, die Pizza mit Alufolie abdecken. Dann verbrennt sie nicht, und der Teig bekommt noch genug Zeit, um fest zu werden.

Wie schneide ich die fertige Pizza?
Die Kunst besteht darin, die heiße Pizza auf ein großes Schneidebrett zu ziehen, ohne sich die Pfoten zu verbrennen. Dann mit einem Pizzaroller Teile herausschneiden. Beim Schneiden mit einem normalen scharfen Messer eine Gabel zu Hilfe nehmen.

Pizzateig – die Basis für 1 großes Blech

Ruhezeit: 30 Minuten, in dieser Zeit den Belag vorbereiten · Backzeit: 30 Minuten

Zutaten

400 g Mehl
1 Pck. Hefe
(frisch oder trocken)
2 TL Salz
4 EL Öl
200 ml lauwarmes
Wasser

Großer Koch: Ofen auf 50 °C vorheizen.

Kleiner Koch: Alle Zutaten in eine Schüssel geben und mit beiden Händen zu einem Teig kneten. Zuerst knetet der kleine Koch. Wenn der schlappmacht, muss der große Koch ran und wenigstens 2 Minuten durchhalten. Das ist anstrengend, aber dabei lassen sich Aggressionen abbauen (außerdem kriegt man »Muckis«).
Den Teig zu einer Kugel formen, in der Schüssel liegen lassen und mit einem Geschirrtuch bedecken. Eieruhr auf 30 Minuten stellen.

Den Ofen ausmachen und den Teig in den warmen Ofen stellen, damit er schön aufgeht. 30 Minuten in Ruhe lassen. Wenn der Teig aufgegangen ist – er sieht dann ein bisschen größer aus – aus dem Ofen holen. Den Ofen auf 200 °C (180 °C Umluft) vorheizen.

Den Teig aus der Schüssel holen und auf der Arbeitsplatte noch einmal gut durchkneten.

Den Teig mit dem Nudelholz ungefähr auf die Größe des Backblechs ausrollen. Dem kleinen Koch auf alle Fälle die Möglichkeit geben, Teigausrollkünste zu erwerben.

Backpapier auf das Backblech legen oder das Backblech mit dem Pinsel und wenig Öl einpinseln.

Den ausgerollten Teig auf das Backblech legen. Teigstücke können auch an überlappenden Stellen abgerissen und an andere Stellen geheftet werden.

Willi

Den Teig lange kneten, damit sich alle Zutaten gut verbinden. Wenn der Teig zu sehr klebt, etwas Öl an die Hände geben. Bei Mehl wird der Teig leicht trocken.

Mein Geburtstagsparty-Tipp

Ihr könnt mit allen gemeinsam viele kleine Pizzas backen. Jeder rollt seinen eigenen Pizzateig aus und belegt ihn nach Wunsch. Alle Zutaten in Schälchen auf den Tisch stellen, dann kann jeder seinen Teig vor sich legen und nach Belieben belegen.

Willi Spezial-Info

Die Mehrzahl von Pizza lautet entweder »Pizzas« oder »Pizzen«. Pizza ist eigentlich ein italienisches Wort. Wenn Du in Italien zwei Pizzas bestellen willst, heißt das dort »due pizze!«

Gemüsemikado

Willi
Perfekt dazu: ein Salat (S. 34) oder Reis!

Küchengeräte

Zutaten	Kleiner Koch	Großer Koch
1 Zucchino		→ wäschen und die Enden abschneiden.
	→ In Stücke schneiden (so lang wie der Zeigefinger einer Frau). Die Stücke halbieren und die »Halbmonde« auf einen Teller legen.	
10 Champignons		→ mit einem feuchten Küchentuch abwischen.
	→ Die Stielenden ganz unten abschneiden und die Pilze halbieren. Auf den Teller zu den Zucchinistücken legen.	
2 Paprika (rot und gelb)	→ waschen,	→ halbieren und entkernen (siehe S. 18). Die Hälften längs in drei Stücke schneiden, diese dann quer halbieren.
1 Aubergine	→ waschen	→ und in Stücke schneiden (so lang wie der eigene Zeigefinger). Die Scheiben halbieren.
	→ Holzspieß nehmen und die Gemüsestücke bunt gemischt aufspießen.	→ Dem kleinen Koch helfen! Nach und nach alle Spieße bestücken.
2 EL Öl		→ in einer Pfanne erhitzen und die Spieße von allen Seiten anbraten.
Salz und Pfeffer		→ Zum Würzen während des Bratens.
		→ Etwas Pesto (siehe S. 64) zu den Spießen servieren.

Jó étvágyat! (»Guten Appetit« auf Ungarisch)

Tipp
Wenn Gemüse angedünstet oder angebraten wird: 1 Prise Salz in die Pfanne streuen. Das Salz bindet das Wasser, und dann spritzt das Fett nicht.

Willi-Witz-Tipp
Der Holzspieß kann nach dem
Essen auch als Zahnstocher
verwendet werden – aber
Achtung: Verletzungsgefahr!

Ich wollte dieses Rezept unbedingt im Buch haben, da mich der Film »Ratatouille« so begeistert hat. Es ist einfach toll, wie der kleine Rattenkoch Rémy mit seiner Ratatouille selbst den miesepetrigen Restaurantkritiker Ego verzaubert.

Ratatouille

Nicht nur ein Klassiker der französischen Küche, sondern auch ein Filmklassiker!

Küchengeräte

Zutaten	Kleiner Koch	Großer Koch
2 Zwiebeln **1–2 Knoblauchzehen**		→ schälen und fein würfeln.
2 Paprika **(Farbe nach Wunsch)**	→ waschen und in Würfel schneiden (siehe S. 18).	
1 große Aubergine **1 großer Zucchino**	→ waschen Die Auberginen- und Zucchinischeiben längs in bleistiftbreite Streifen schneiden. Die »Bleistifte« quer in erbsengroße Stücke schneiden.	→ und der Länge nach in Scheiben schneiden (funktioniert prima mit der Brotschneidemaschine).
2 EL Öl		→ in einem Topf erhitzen, Zwiebeln und Knoblauch dazugeben und glasig dünsten. Paprika dazugeben, andünsten und dann nach und nach die Zucchini und die Auberginen dazugeben. Das Ganze 15 Minuten dünsten.
	→ Mit einem Kochlöffel rühren helfen.	
1 Pckg. Tomatenpüree	→ in den Topf geben.	
1 TL Brühpulver	→ in den Topf geben, umrühren	→ und zugedeckt weitere 5 bis 8 Minuten köcheln lassen. Testen, ob das Gemüse schon gar, aber noch nicht zu weich ist (es sollte noch ein wenig »Biss« haben).
1 Msp. Salz **1 Msp. Pfeffer** **1 TL Zucker**	→ in den Topf geben.	
1 Bund Petersilie **5 Zweige Thymian**	→ waschen, trockenschütteln, die Blättchen abzupfen	→ und mit dem großen Messer grob hacken. Die Kräuter in den Topf geben, gut umrühren und fertig ist die Ratatouille.

Willi
Dazu schmeckt: Reis, Frikadellen (S. 84), Chicken Wings (S. 80), Kartoffelpuffer (S. 46)!

Bon appétit!
(»Guten Appetit« auf Französisch)

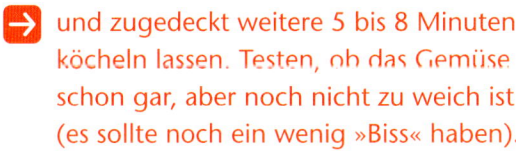

Willis Wundertüten

Für Küchenakrobaten und solche, die es werden wollen

TIPP
Zuerst den Teig zubereiten – er muss 40 Minuten ruhen. In dieser Zeit kann man die Füllungen machen.

Küchengeräte

Zutaten	Kleiner Koch	Großer Koch
240 g Ricotta	→ Mit dem Esslöffel gleichmäßig in drei Schälchen aufteilen.	
3 EL Tomatenmark	→ in Ricottaschälchen 1 geben.	
50 g Blattspinat		→ im geschlossenen kleinen Topf in leicht gesalzenem Wasser 4 Minuten dünsten. Anschließend im Sieb abtropfen lassen. Wenn der Spinat abgekühlt ist, mit der Hand das restliche Wasser ausdrücken und den Spinat klein hacken.
	→ Den klein gehackten Spinat in Ricottaschälchen 2 geben.	Den Spinattopf waschen, er wird später noch mal gebraucht.
4 EL geriebenen Parmesan	→ in Ricottaschälchen 3 geben.	
1 Msp. Salz 1 Msp. Pfeffer 1 Msp. Muskatnuss	→ jeweils (also insgesamt dreimal) in die Schälchen geben. Die Zutaten für die Füllungen in den drei Schälchen jeweils gut verrühren. Die drei Schälchen zur Seite stellen.	

TIPP
Bei den Füllungen kann variiert werden, z.B. statt Spinat einmal Basilikum nehmen oder etwas Kürbispüree oder klein geschnittene Champignons …

Zutaten	Kleiner Koch	Großer Koch
400 g Mehl	→ in eine Schüssel geben	→ und eine Kuhle in das Mehl formen.
4 Eigelb 1 Ei 1 TL Salz 1 EL Öl 1 EL Wasser	→ alles in die Kuhle geben und mit den Händen daraus einen Teig kneten. Das ist ganz schön anstrengend, denn der Teig muss gut geknetet werden.	→ Wenn der Teig eine zusammenhängende Masse geworden ist, auf der Arbeitsfläche weiterkneten, bis ein fester, aber elastischer Teig entsteht. Den Teig in Folie wickeln und kühl ruhen lassen (mindestens 40 Minuten). Durchs Ruhen wird der Teig elastischer und lässt sich später gut ausrollen.
	→ Dem großen Koch eine Knetpause gönnen und übernehmen. Wenn du vom vielen Kneten müde geworden bist, ruhe dich so wie der Teig auch kurz aus. Eieruhr auf 40 Minuten stellen.	
	→ Etwas Mehl auf die Arbeitsplatte streuen.	→ Den Teig sehr dünn (etwa wie ein Geschirrtuch) ausrollen.
	→ Mit einem großen Wasserglas Kreise aus dem Teig ausstechen.	→ Das Glas in etwas Mehl tauchen, dann klebt der Teig nicht daran fest!
		→ Mit einem Teelöffel etwas einer Füllung auf eine Seite des Teigkreises legen. Rand freilassen!
		→ Die leere Seite über die Füllung klappen und die Ränder fest aufeinander drücken. Die Ränder mit den Zinken einer Gabel flach drücken – dann klebt's noch besser!
	→ Du machst das so gut, von Dir kann sogar der große Koch lernen!	→ So den gesamten Teig und alle drei Füllungen verarbeiten.
		→ Salzwasser zum Kochen bringen. Wenn es sprudelnd kocht, die Hitze reduzieren und das Wasser köcheln lassen. Die Wundertüten vorsichtig mit einer Schaumkelle in das Wasser setzen und 5 Minuten garen.
	→ Die Eieruhr auf 5 Minuten stellen.	
	→ Wundertüten mit der Schaumkelle aus dem Wasser fischen, auf Teller legen. Beim Essen überraschen lassen, ob die Füllung rot, gelb oder grün ist.	
Salbeibutter (siehe. S. 65)		→ über die Tüten verteilen.

Knusperschnitzel

Für Kau-Boys und Kau-Girls

Küchengeräte

Zutaten	Kleiner Koch	Großer Koch

4 Putenschnitzel

→ auf ein Brett legen, mit Frischhaltefolie bedecken (das verhindert Spritzer).

→ Mit Gefühl und einem Fleischklopfer platt klopfen. Je flacher, desto leckerer!

→ Platte Schnitzel salzen.

2 Eier → in Suppenteller 1 aufschlagen und mit dem Schneebesen verrühren.

5 EL Mehl → in Suppenteller 2 geben.

→ Panieren – schön der Reihe nach:
1. Die Schnitzel von beiden Seiten in das Mehl drücken, etwas abklopfen.

10 Kinderhändevoll Cornflakes (ungesüßt) → in Suppenteller 3 geben.

2. Mehlschnitzel in die Eier tunken, überschüssiges Ei abtropfen lassen.

→ Arbeitsteilung (wer mag):
2 Schnitzel bereitet der große Koch vor, 2 der kleine Koch.

3. Eierschnitzel in die Cornflakes drücken, etwas abklopfen.

4. Cornflakesschnitzel auf einen Teller legen.

2 EL Butterschmalz
1 EL Butter

→ in der Pfanne erhitzen (der Boden sollte gut bedeckt sein).

→ Test: Ein Cornflake mit »mini-wenig« Mehl-Ei-Mischung in die Pfanne geben. Beginnt das zu brutzeln, dem großen Koch Bescheid geben.

Die Schnitzel darin von beiden Seiten goldbraun braten. Fertige Schnitzel auf einen Teller mit Küchenpapier legen, so wird das überschüssige Fett aufgesaugt.

... knusper, knusper Knäuschen!

Willi
Dazu schmeckt Kartoffelsalat (S. 50) oder ein bunter Salat (S. 34)!

Willi Spezial-Info
Meistens redet man nur vom Truthahn. Ein Truthahn ist männlich, das weibliche Tier dazu ist die Pute. Beim Truthahn spricht man auch vom Puter.

Mein Geheimtipp
Einfach mal andere Panaden
ausprobieren! Statt Cornflakes
schmecken auch Kokosraspel,
Sesamkörner oder Semmel-
brösel super gut.

Chicken Wings

Willi
Dazu lecker: Salat (S. 34),
Ofenkartoffel (S. 54),
Willis Pommes (S. 55)!

Küchengeräte

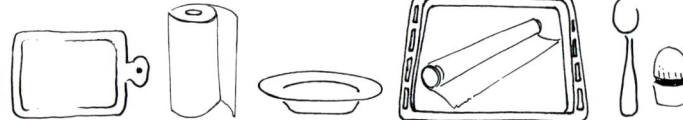

Zutaten	Kleiner Koch	Großer Koch

Zutaten

10 Hähnchenflügel

1 EL Salz
1 EL Paprikapulver
(edelsüß)
1 EL Öl

Kleiner Koch

→ unter dem Wasserhahn abwaschen und zum Trocknen auf ein Brett mit Küchenpapier legen.

→ im Suppenteller vermischen.

→ Die Würzmischung mit den Händen auf die Hähnchenflügel massieren. Die Hähnchenflügel auf das Blech legen und Hände waschen.

→ Die Eieruhr auf 30 Minuten stellen.

→ Achtung: Gegen Ende der Backzeit die Chicken Wings gut im Auge behalten, damit sie nicht anbrennen.

Bom proveito!
(»Guten Appetit« auf Portugiesisch)

Großer Koch

→ Backofen auf 180 °C (160 °C Umluft) vorheizen. Backblech vorher rausholen und mit Backpapier belegen.

→ Die Hähnchenflügel in den Ofen schieben und 30 Minuten backen. Wer es sehr knusprig mag, kann am Ende noch den Grill dazuschalten.

→ Vorsichtig aus dem Ofen holen, kurz abkühlen lassen und genießen!

Tipp
Wenn du deinen Geschmacksnerven eine Achterbahnfahrt gönnen willst, dann genieße zu den würzigen Chicken Wings eine Portion Apfelbrei. Eine Supermischung!

Willi con Carne

Küchengeräte

Zutaten	**Kleiner Koch**	**Großer Koch**
7–8 Wiener Würstchen	→ in bisstaugliche »Räder« schneiden.	
2 Zwiebeln	....	→ schälen und würfeln.
1 Tasse Wasser	→ neben den Herd stellen.	
3 EL Öl	....	→ in einem Topf erhitzen, die Würstchenräder bei mittlerer Hitze anbraten. Die Zwiebeln dazugeben und mitdünsten.
1 EL Tomatenmark 2 EL Mehl	→ in den Topf geben,	→ kräftig rühren, dann mit dem Wasser aus der Tasse ablöschen.
1 Packung Tomaten in Stücken	→ öffnen, in den Topf geben	→ und verrühren.
4 Kinderhändevoll Maiskörner	→ in den Topf werfen.	
1 grüne Paprika	→ waschen und würfeln (siehe S. 18).	→ Paprikawürfel einrühren und den Eintopf 15 Minuten köcheln lassen, dabei immer wieder umrühren.
Salz und Pfeffer 1 TL Brühpulver	....	→ Zum Abschmecken. Fertig ist das »Willi con Carne«!

Mein Tipp
Um zu wissen, wann das Öl heiß genug ist, einfach ein Zwiebelstückchen zusammen mit dem Öl erhitzen: Wenn es anfängt zu brutzeln, kann es losgehen.

Mein Tipp
Die Paprikaboote können auch fleischlos gefüllt werden. Dann einfach gekochten Reis nehmen! Zucchini können nicht nur gekocht, sondern auch roh gegessen werden. Ran an die Segel!

Paprikaboote

Willi
Schmeckt dazu: Reis,
Salat (S. 34), Kartoffelbrei
(S. 48), Ratatouille (S. 75),
Gemüse-Mikado (S. 72)!

Küchengeräte

Zutaten	Kleiner Koch	Großer Koch
		➡️ Den Ofen auf 180 °C vorheizen.
3 große gelbe Paprikaschoten	➡️ waschen,	➡️ halbieren und entkernen. Jede Paprika- hälfte noch einmal längs halbieren.
650 g Hackfleisch (halb Rind, halb Schwein)	➡️ in eine große Schüssel geben.	
2 Eier	➡️ aufschlagen und zum Hackfleisch geben.	
1 TL Senf	➡️ dazugeben.	
1 Zwiebel 1 Knoblauchzehe		➡️ schälen und fein würfeln.
1 EL Öl		➡️ in einer Pfanne erhitzen, Zwiebeln und Knoblauch andünsten und danach in die Schüssel zum Hackfleisch geben.
1 trockenes Brötchen	➡️ in einer mittleren Schüssel in Wasser einweichen. Dann durch ein Sieb aus- drücken und zum Hackfleisch geben.	
1 Bund Petersilie	➡️ waschen, trockenschütteln, die Blätter abzupfen,	➡️ fein hacken und zum Hackfleisch geben.
1 TL Salz, 1 Msp. Pfeffer	➡️ auf das Hackfleisch streuen. Mit den Hän- den alles durchkneten. Bitte nicht probieren (siehe Willi-Spezial-Info S. 85). Danach die Hände waschen! Mit einem Esslöffel etwas Hackfleischmasse in die Paprika füllen, die Schiffe sollten bis zum Rand gefüllt sein.	
1 Portion Tomaten- sauce (siehe S. 65)	➡️ Eieruhr auf 30 Minuten stellen.	➡️ Die gefüllten Paprika in eine Auflauf- form setzen. Die Tomatensauce in die Form gießen. 30 Minuten backen.
1 mittelgroßer Zucchino	➡️ waschen, Je eine Zucchinoscheibe als Segel mit einem Zahnstocher auf die Boote stecken.	➡️ in sehr dünne Scheiben schneiden.

Frikadellen

Oder Klopse, Fleischpflanzerl, Fleischbällchen,
Hackbällchen, Buletten, Kötbullar, Büffelfürze

Willi
Dazu schmeckt
Kartoffelsalat (S. 50)!

Küchengeräte

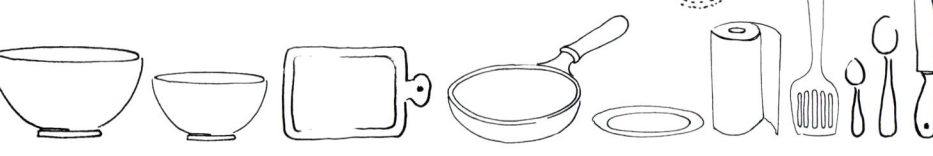

Zutaten	Kleiner Koch	Großer Koch
650 g Hackfleisch (halb Rind, halb Schwein)	in die große Schüssel geben.	
2 Eier	aufschlagen und dazugeben.	
1 TL Senf	dazugeben.	
1 Zwiebel 1 Knoblauchzehe		schälen und fein würfeln.
1 EL Öl		in einer Pfanne erhitzen, Zwiebeln und Knoblauch andünsten und in die Schüssel zum Hackfleisch geben.
1 trockenes Brötchen	in der anderen Schüssel in Wasser einweichen. Dann durch ein Sieb ausdrücken und zum Hackfleisch geben.	
½ Bund glatte Petersilie	waschen, trockenschütteln, die Blätter abzupfen,	fein hacken und zum Hackfleisch geben.
1 TL Salz 1 Msp. Pfeffer	auf das Hackfleisch streuen.	
	Jetzt wird's lustig: Mit den Händen in die Schüssel, alles gut durchkneten und Kugeln formen, etwas größer als Tischtennisbälle. Diese vorsichtig platt drücken und auf einen Teller legen. Bitte nicht probieren (siehe Willi Spezial-Info S. 85). Danach die Hände mit Seife waschen!	
3 EL Öl		in einer Pfanne erhitzen und die Kugeln gute 15 Minuten bei mittlerer Hitze braten. Eine Frikadelle zur Probe herausnehmen, aufschneiden und schauen, ob sie schon gar ist (sie sollte nicht mehr rot oder rosa sein). Die fertigen Frikadellen auf einen Teller mit Küchenpapier legen.

Smaklig måltid!
(»Guten Appetit« auf Schwedisch)

Hamburger

Willi
Dazu passt ein Salat (S. 34)
oder Willis Pommes (S. 55)
oder Ofenkartoffeln (S. 54)!

Küchengeräte

Für 6 Hamburger

Zutaten	Kleiner Koch	Großer Koch
6 Frikadellen	→ frisch zubereiten, wie auf der Seite nebenan beschrieben, allerdings größere Frikadellen formen.	→ Die Frikadellen außen fertigbraten und dann für 10 Minuten bei 180 °C in den vorgeheizten Ofen stellen!
1 große Tomate	→ waschen, in Scheiben schneiden und auf einen Teller legen.	
1 Eisbergsalat	→ 10 schöne Salatblätter abzupfen, waschen und auf den zweiten Teller legen.	
1 Gurke		→ mit dem Gemüseschäler schälen, in sehr dünne Scheiben schneiden und auf den dritten Teller legen.
Käse (wenn man möchte), z.B. Gouda		→ in Scheiben schneiden, auf die heißen Frikadellen legen und etwas schmelzen lassen.
6 (Vollkorn-)Brötchen		→ aufschneiden.
	→ Die Tomaten, Salatblätter, Gurken, Brötchen auf den Tisch stellen.	→ Frikadellen auf den vierten Teller geben und auf den Tisch stellen.
Ketchup, Frischkäse, Senf	→ auf den Tisch stellen.	
	→ Nun das Brötchen nach Lust und Laune belegen.	→ Nun das Brötchen nach Lust und Laune belegen.
	☺ Enjoy your meal! (»Guten Appetit« auf Englisch)	

Willi Spezial-Info

Bakterien und Keime lieben Hackfleisch. Diese Bakterien und Keime sind aber schädlich für uns Menschen. Je älter das Hackfleisch ist, desto mehr droht Bakterien- und Keimalarm. Daher immer nur frisches Hackfleisch verwenden! Am besten beim Metzger holen und frisch durch den Fleischwolf drehen lassen. Hackfleisch immer im Kühlschrank aufbewahren, denn da können sich die Bakterien und Keime nicht gut entfalten. Erst ganz kurz vor dem Zubereiten aus dem Kühlschrank nehmen. Beim Braten darauf achten, dass das Hackfleisch gut durchgart.

Captain Willis Fischstäbchen

Willi
Der Klassiker:
mit Kartoffelpüree (S. 48)!
Auch gut:
Kartoffelsalat (S. 50)!

Küchengeräte

Zutaten	Kleiner Koch	Großer Koch
600 g Zanderfilet (grätenfrei)		→ von oben nach unten in fischstäbchenbreite Streifen schneiden. Sollten noch Gräten drin sein, raus damit.
1 Zitrone	→ halbieren und Saft über den Fisch träufeln (siehe S. 40).	
Salz		→ über die Filetstreifen streuen.
5 EL Mehl	→ in Suppenteller 1 löffeln.	
2 Eier	→ aufschlagen und in Suppenteller 2 geben.	
8 EL Paniermehl	→ in Suppenteller 3 löffeln.	→ Dem kleinen Koch helfen.

1. Fisch im Mehl wenden,

2. Mehlfisch in die Eier tauchen,

3. Mehl-Eier-Fisch im Paniermehl wenden,

4. fertigen Mehl-Eier-Paniermehl-Fisch auf dem Teller ablegen.

Tipp
Etwas Paprikapulver unter das Paniermehl mischen, dann werden die Fischstäbchen schön goldgelb.

Zutaten	Kleiner Koch	Großer Koch
3 EL Butterschmalz		→ in einer Pfanne erhitzen und die Fischstäbchen je 4 Minuten von beiden Seiten goldbraun braten. Die fertigen Fischstäbchen auf einen Teller mit Küchenpapier legen.

Achtung: Vorsichtig genießen! Denn anders als bei Tiefkühlfischstäbchen können in den selbst gemachten noch Gräten drin sein!

Verði þér að góðu!
(»Guten Appetit« auf Isländisch)

Captain-Willi-Witz

Stolz erklärt der Gastgeber seinen Gästen das Menü: »Es hat mich über eine Stunde gekostet, bis ich an diesen Fisch herangekommen bin.« Antwortet einer der Gäste: »Kein Wunder, ich habe auch immer Schwierigkeiten mit dem Büchsenöffner.«

Saltimbocca vom Lachs

Auf gut Deutsch: »spring in den Mund!«

Willi
Dazu perfekt:
Kartoffelpüree (S. 48)
und Blattspinat!

Küchengeräte

Zutaten	Kleiner Koch	Großer Koch
1 Zwiebel 1 Knoblauchzehe		→ schälen und grob schneiden.
2 EL Öl		→ in einem Topf erhitzen, Zwiebel und Knoblauch andünsten.
1 Packung Tomaten in Stücken		→ Packung öffnen und neben den Herd stellen.
1 TL Honig	→ vom Löffel in den Topf tropfen lassen, Honigreste vom Löffel schlecken.	→ Honig im Topf mit den Zwiebeln verrühren.
	→ Die Tomaten in den Topf gießen	→ und verrühren.
2 EL Balsamico-Essig		→ einrühren und 10 Minuten köcheln lassen.
		→ Ofen auf 180 °C (160 °C Umluft) vorheizen.
400–500 g Lachsfilets		→ mit einem scharfen Messer von oben nach unten in fischstäbchenbreite Streifen schneiden. Sollten noch Gräten drin sein, raus damit. Fisch nicht salzen, da der Parmaschinken salzig ist.
25 Salbeiblätter	→ waschen, trockentupfen, vom Stängel zupfen und auf jedes Lachsstückchen ein Blatt legen.	
25 Scheiben Parmaschinken	→ jeweils flach ausbreiten und den Lachs mit Salbei darin einrollen.	
	→ Die fertigen Saltimbocca in eine Auflaufform legen.	→ Die Tomatensauce um die Saltimbocca herum verteilen, in den Ofen stellen und 20 Minuten garen.
	→ Eieruhr auf 20 Minuten stellen.	

Geflügelcurry

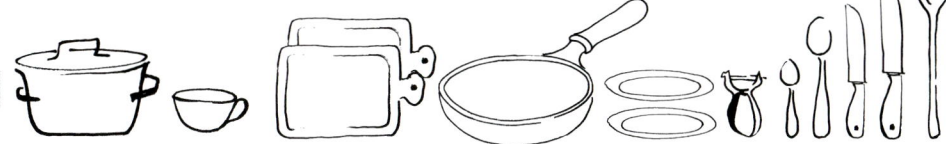

Tipp
Ananasstücke aus der Dose oder 1 klein geschnittene Mango oder Banane am Ende zufügen – so wird es leicht süßlich.

Küchengeräte

Zutaten	Kleiner Koch	Großer Koch
400 g Hähnchenbrust **Salz**		→ waschen und in kindermundgerechte Würfel schneiden, salzen.
2 rote Paprika	→ in bleistiftdünne Streifen schneiden, die »Bleistifte« quer in der Mitte durchschneiden und auf einen Teller legen.	→ waschen, teilen und entkernen (siehe S. 19).
2 Karotten	→ schälen, in drei Stücke schneiden Die Scheiben in dünne Streifen schneiden (fast so dünn wie ein Zahnstocher) und auf einen Teller legen.	→ und die Stücke der Länge nach in Scheiben (dick wie ein 1-Euro-Stück) schneiden.
3 Kinderhändevoll **Zuckerschoten**	→ waschen, in der Mitte quer durchschneiden und auf die Seite legen.	
2 EL Sesam- oder Bratöl		→ in einem Wok oder einer großen beschichteten Pfanne erhitzen. Karotten und Paprika 4 bis 5 Minuten unter Wenden andünsten und herausnehmen. Anschließend die Fleischstücke 8 bis 10 Minuten anbraten und die Pfanne von der heißen Herdplatte nehmen.
2 Msp. Salz **2 TL Currypulver** **1 TL Mehl**	→ in die Pfanne streuen,	→ gut verrühren und die Pfanne wieder auf die heiße Platte stellen.
1 Dose Kokosmilch	→ langsam in die Pfanne gießen,	→ öffnen, unterrühren und aufkochen.
1 Bund Lauchzwiebeln	→ In Röllchen schneiden (so dünn wie 1-Euro-Münzen) – und ab in die Pfanne!	→ waschen und putzen.
2 Kinderhändevoll **Cashewkerne**	→ dazuwerfen (nicht zu viel wegnaschen).	→ Das Curry rühren und noch 5 Minuten köcheln lassen. Wer mehr Flüssigkeit möchte, gibt etwas Milch dazu.

Man man chi!
(»Guten Appetit« auf Chinesisch)

Desserts

Nach dem Essen

Mein Tipp
Etwas Sahne schlagen und oben auf der Quarkspeise verteilen. Nicht nur Erdbeeren passen! Du kannst jede Art von Früchten verwenden – auch ein Obstsalat eignet sich bestens.

Vanillequark mit Erdbeeren

Willis Lieblingsdessert

Ruhezeit: 45 Minuten

Küchengeräte

Zutaten	Kleiner Koch	Großer Koch

500 ml Milch → mit dem Messbecher abmessen.

3 EL Zucker
1 Pck. Vanillepudding → mit 2 Esslöffel Milch in einer kleinen Schüssel verrühren.
→ Pudding nach Anleitung zubereiten und ca. 45 Minuten in einer Schüssel auskühlen lassen.

2–3 Schalen Erdbeeren (je 250 g) ....→ waschen, die Stiele entfernen.

→ Erdbeeren in vier Teile schneiden.

→ Warten, bis der Pudding ausgekühlt ist.

500 g Magerquark → löffelweise mit dem Schneebesen unter den Pudding rühren.
→ Dem kleinen Koch mit dem Schneebesen helfen.

→ Die Schälchen oder Gläschen mit dem Esslöffel befüllen: Immer abwechselnd eine Schicht Quarkspeise, dann eine Schicht Erdbeeren, dann eine Schicht Quarkspeise und wieder Erdbeeren … bis die Schüssel voll ist oder Quarkspeise und Erdbeeren aufgebraucht sind.

Willi Spezial-Info

Echte Vanille wird aus den Samenkapseln von Vanillepflanzen gewonnen. Vanille ist nach Safran das zweitteuerste Gewürz und wird auch die »Königin der Gewürze« genannt.

Wackelsalat mit Vanillesauce

für die Geburtstagsparty

Ruhezeit: mind. 5 Stunden

Küchengeräte

Zutaten	Kleiner Koch	Großer Koch
je 1 Pck. Götterspeise »Himbeer«, »Waldmeister«, »Zitrone« je 350 ml Wasser je 3 gehäufte EL Zucker	→ Rundherum helfen: Die Packungen öffnen, den Topf aufstellen, mit dem Messbecher Wasser abmessen, Zucker mit dem Esslöffel hinzugeben. Die drei Formen kalt ausspülen.	→ Achtung: Die Götterspeise wird zwar nach Anleitung auf der Packung zubereitet, aber mit weniger Wasser und Zucker.
	→ Aufpassen, dass die drei Götterspeisen nicht aus den Schüsseln wackeln!	→ Die fertigen Götterspeisen einzeln in die Formen füllen und mindestens 5 Stunden kalt stellen und fest werden lassen (am besten über Nacht).
800 ml Milch	→ mit dem Messbecher abmessen.	
1 Pck. Vanillepudding		→ auch nicht ganz nach Anleitung zubereiten, sondern mit 800 ml Milch.
		→ Die noch heiße Sauce in eine Kanne füllen und auskühlen lassen.
	→ STUNDEN SPÄTER	
	→ Mit einem Messer jede Götterspeise noch in der Form in Würfel schneiden, groß wie ein Stück Würfelzucker.	→ Dem kleinen Koch helfen.
	→ Die Würfel aller Farben vorsichtig in eine große Schüssel kippen.	
	☺ Die Vanillesauce zusammen mit dem bunten Wackelsalat genießen – mmmh!	

Tipp
Wenn die Vanillesauce in der Kanne ist, etwas Zucker auf die Oberfläche streuen. Das verhindert, dass sich obendrauf eine Haut bildet.

Schokolana-Banana

Ruhezeit: 30–40 Minuten

Küchengeräte

Zutaten	Kleiner Koch	Großer Koch
120 g Zartbitter- 100 g Vollmilch- kuvertüre		→ mit einem großen Messer grob hacken.
200 g Sahne	→	→ in einem Topf zum Kochen bringen, dann vom Herd nehmen.
	→ Die Kuvertürestückchen nach und nach in den Topf zur Sahne geben,	
1 Stück Butter (groß wie ein Fischstäbchen)	→ in den Topf zur Sahne geben	→ und mit dem Schneebesen verrühren, bis sich die Kuvertüre und die Butter aufgelöst haben. Die Masse in eine Schale füllen und ca. 30 Minuten kalt stellen.
	→ Eieruhr auf 30 Minuten stellen.	
		→ Die abgekühlte Schokoladencreme mit dem Handrührgerät schaumig schlagen.
2 Bananen	→ schälen und in Scheiben schneiden (dick wie 1-Euro-Stücke).	
	→ 4 Dessertschalen mit dem Teelöffel befüllen: immer abwechselnd etwas Schokocreme, dann Bananenscheiben, dann Schokocreme, dann Bananenschei-ben. So entstehen tolle Zebrastreifen.	Na dann: Schokolana-Banana!

Willi Spezial-Info

Warum ist die Banane krumm? Bananen wachsen aus den Blüten der Bananenpflanzen. Am Anfang sind sie noch bedeckt von Blättern und wachsen nach unten. Wenn die Blätter abfallen, drehen sich die Bananen der Sonne entgegen. Sie biegen sich, weil sie die Richtung, in die sie wachsen, ändern. Darum ist die Banane krumm.

Bratigel

für die kalte Jahreszeit

Küchengeräte 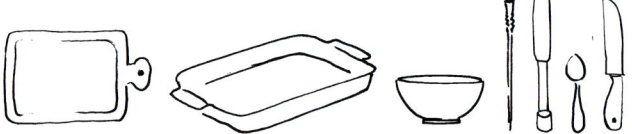 Für 4 Igel

Zutaten	Kleiner Koch	Großer Koch

Zutaten   **Kleiner Koch**   **Großer Koch**

→ Den Backofen auf 180 °C (160 °C Umluft) vorheizen.

4 Äpfel (z. B. Boskop) → waschen

→ und das Kerngehäuse entfernen, am besten mit einem Apfelausstecher. Wer keinen hat, legt den Apfel auf ein Brettchen und sticht mit einem Messer (bei mir z. B. das Taschenmesser) 4-mal um das Gehäuse herum senkrecht ein. Dann den Apfelgehäuse-Quader herausdrücken.

4 Kinderhändevoll Mandelstifte → Die Apfelhaut mit einem Holzspieß an ganz vielen Stellen einpiksen. In jedes Loch einen Mandelstift stecken und aus dem Apfel einen Igel machen.

12 Rosinen → Jeweils als Augen und Nase dem Igel aufsetzen. Auch vorher Löcher mit dem Holzspieß einpiksen und die Rosinen hineinstecken.

→ Die Äpfel in eine feuerfeste Form setzen.

4 TL gemahlene Haselnüsse (oder Kokosraspel)
4 TL Konfitüre
4 TL Zucker
1 Msp. Zimt  → in einer Schale vermischen und mit einem Teelöffel in die Apfeligel füllen (da wo das Kerngehäuse drin war).

1 Stück Butter (so groß wie eine Streichholzschachtel)

→ in Flöckchen auf den Igeln verteilen. Die Igel für 25 Minuten backen.

→ Die Igel aus dem Ofen holen, etwas abkühlen lassen und genießen.

Mein Tipp
Habt ihr schon einmal einen
echten Igel gesehen?
Einfach abends im Herbst
mit einer Taschenlampe und dem
großen Koch durch den
Wald gehen.

Erdbeereis-Bonbons

Ruhezeit: 4 Stunden

Küchengeräte

Zutaten	**Kleiner Koch**	**Großer Koch**
20 Erdbeeren	→ waschen und die Stiele und Blätter entfernen.	→ Dem kleinen Koch beim Erdbeerenputzen helfen und sie anschließend in ein schmales hohes Gefäß geben. Die Erdbeeren mit dem Stabmixer pürieren.
3 EL Zucker und 1 Pck. Vanillezucker	→ obendrauf schütten,	→ alles zusammen noch weiter mit dem Stabmixer vermischen.
500 ml Milch	→ mit dem Messbecher abmessen und dazugeben.	
	→ Die Eiswürfelform (oder den -beutel) ruhig halten, damit der große Koch den Erdbeermix ohne Kleckern hineingießen kann.	→ Den Erdbeermix mithilfe eines Trichters und dem kleinen Koch in die Eiswürfelbeutel oder -form füllen.
	→ In jedes Eiswürfelfach ein Holzstäbchen stecken (als Stiel für das Eisbonbon).	→ Den Beutel oder die Form für 4 Stunden ins Gefrierfach legen.
	→ 4 Stunden gedulden.	→ Erdbeereis-Bonbons vorsichtig aus der Form klopfen oder aus dem Beutel drücken und sofort aufessen!

Tipp
Man kann natürlich jede Art von Obst dafür nehmen.

Milchreis mit Kirschen

Küchengeräte

Zutaten	Kleiner Koch	Großer Koch

Großer Koch

→ Den Topf vorher mit kaltem Wasser ausspülen (das verhindert, dass die Milch anbrennt).

1 l Milch
1 Prise Salz
3 EL Zucker
1 Pck. Vanillezucker → in den Topf geben.

→ Die Milch langsam erhitzen, dabei rühren, bis sie aufkocht.

1 EL Butter → in die Milch geben. Die Butter nicht reinplumpsen, sondern langsam eintauchen lassen, sonst spritzt die Milch.

→ Dabei umrühren.

250 g Milchreis → langsam in die kochende Milch gießen

→ und unterrühren. Den Reis 35 Minuten bei schwacher Hitze zugedeckt quellen lassen, dabei ab und zu umrühren.

→ Eieruhr auf 35 Minuten stellen.

1 Glas Sauerkirschen → in ein Sieb abgießen und zum Milchreis genießen.

→ Den Milchreis vom Herd nehmen und etwas oder ganz auskühlen lassen, je nachdem, ob er warm oder kalt gegessen werden soll.

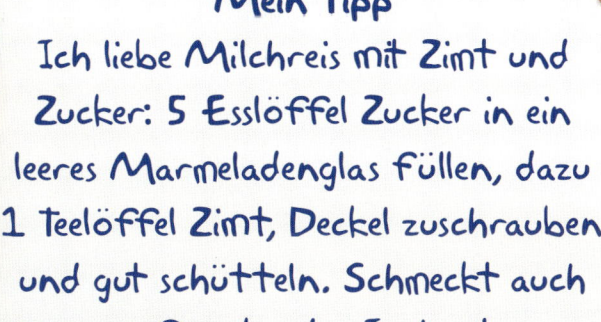

Mein Tipp
Ich liebe Milchreis mit Zimt und Zucker: 5 Esslöffel Zucker in ein leeres Marmeladenglas füllen, dazu 1 Teelöffel Zimt, Deckel zuschrauben und gut schütteln. Schmeckt auch zu Quark oder Joghurt.

Backen

Au Backe! Backe Kuchen

Je-nach-Laune-Muffins

Tipp
Traut euch, nach Lust und Laune auszuprobieren. Lieblingsmischungen aber aufschreiben!

Küchengeräte

Für 12 Muffins

Zutaten	Kleiner Koch	Großer Koch
		→ Den Ofen auf 180 °C (160 °C Umluft) vorheizen.
250 g Früchte (frisch oder tiefgekühlt), z. B. Äpfel, Beeren oder Bananen	→ waschen und in kleine Stückchen schneiden (tiefgekühltes Obst nicht auftauen).	→ Die Papierförmchen vorbereiten bzw. die Muffinform leicht einfetten. Dem kleinen Koch helfen.
260 g Mehl	→ abwiegen und rein in Schüssel 1.	
½ Pck. Backpulver 1 gestrichener TL Natron	→ in die Mehlschüssel 1 geben	→ und vermischen.
1 Ei	→ aufschlagen, in Schüssel 2 geben	→ und kurz mit dem Schneebesen verquirlen.
80 ml Sonnenblumenöl	→ zum Ei in Schüssel 2 geben,	
120 g Zucker	→ zum Eiöl in Schüssel 2 schütten,	
260 ml Milch	→ mit dem Messbecher abmessen, zum Ei-Zucker-Öl in Schüssel 2 gießen	→ und verrühren.
	→ Das Mehl von Schüssel 1 zur Eiermasse gießen	→ und mit dem Rührgerät so lange verquirlen, bis der Teig glatt ist. Dann die Früchte unterheben.
	→ Den Teig mit dem Esslöffel in die Papierförmchen oder die gefettete Muffinform löffeln, einen Teelöffel zu Hilfe nehmen.	→ Die Papierförmchen bzw. die Muffinform nur zu ²/₃ füllen, da der Teig aufgeht.
	→ Die Eieruhr auf 20 Minuten stellen.	→ Die Muffins 20 Minuten backen.
	→ Mit einem Holzstäbchen prüfen, ob die Muffins schon fertig sind (wenn du in den Muffin pikst, darf kein Teig kleben bleiben).	→ Eventuell noch 5 Minuten länger backen, bis die Muffins goldbraun sind. Die Muffins vorsichtig aus dem Ofen holen und auskühlen lassen.

Variationen

statt 260 ml Milch könnte sein:	260 ml Buttermilch, 260 g saure Sahne, 200 g Quark und 60 ml Milch, 260 g Joghurt
250 g Früchte können sein:	Äpfel, Birnen, Himbeeren, Heidelbeeren, Ananas, Erdbeeren, Bananen, Mandarinen, Aprikosen, Kirschen …
statt der Früchte:	Rosinen, Walnüsse, Schokostreusel, Haselnüsse …

Glasur & Deko:

Das Schönste an Muffins ist die Deko. Einfach mit Puderzucker bestäuben oder mit Schokoladenguss oder Zuckerguss verzieren (dafür 100 Gramm Puderzucker mit 2 Esslöffel Zitronensaft oder Wasser verrühren). Oben drauf können Zuckerperlen, Schokoblättchen, Nüsse, Gummibärchen und vieles mehr geklebt werden.

Mein Tipp
Wenn deine Schwester oder dein Bruder, ein Freund oder eine Freundin Geburtstag hat, backe doch für jedes Lebensjahr einen Muffin und stecke in jeden Muffin eine kleine Kerze – ein tolles Geschenk!

Mein Tipp

Es soll ja Krümelmonster geben, die so eine Ladung Kekse auf einmal verschlingen können. Wer das nicht schafft, legt die Kekse in eine Gebäckdose mit Deckel, darin bleiben die Kekse länger frisch und knackig.

Kuchenkekse

Ruhezeit: 45 Minuten

Küchengeräte

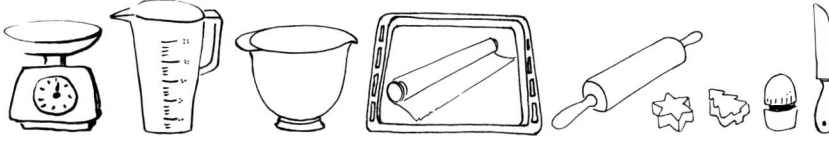

Zutaten	**Kleiner Koch**	**Großer Koch**
1 Ei →	aufschlagen und in die Schüssel geben.	→ Dem kleinen Koch helfen.
125 g Butter →	in die Schüssel zum Ei geben.	
100 g Zucker →	abwiegen und auch in die Schüssel.	
1 Pck. Vanillezucker →	hineingeben.	
1 Msp. Salz →	Ab in die Schüssel.	
60 ml Milch →	mit dem Messbecher abmessen und dazuschütten.	
250 g Mehl →	abwiegen und hineinrieseln lassen.	
1 Pck. Backpulver →	Ja, genau: In die Schüssel!	
→	Ärmel hochkrempeln und mit den Händen einen schönen Teig kneten.	
		→ Den Teig zu einer Kugel formen. In Frischhaltefolie wickeln und für 45 Minuten in das Gefrierfach legen.
1 Kinderhandvoll Mehl →	auf der Arbeitsplatte verteilen.	→ Den Ofen auf 180 °C (160 °C Umluft) vorheizen. Das Blech aus dem Ofen nehmen und mit Backpapier belegen.
→	Mit dem Nudelholz vom großen Koch oder dem eigenen Kinder-Nudelholz kräftig nudeln – äh, ausrollen.	→ Den Teig auf der bemehlten Arbeitsfläche dünn ausrollen.
→	Mit Ausstechformen verschiedene Motive ausstechen und auf das Blech legen – Abstände dazwischen lassen.	→ »Schieb in den Ofen rein!« Die Kekse 10 bis 13 Minuten backen. Dann aus dem Ofen holen und auskühlen lassen.
	Plätzchen schmecken lassen!	

Tipp
Mit roter Konfitüre lassen sich 2 gleiche Kekse nach dem Backen zusammenkleben.

Zitronenkuchen

Küchengeräte

Zutaten	Kleiner Koch	Großer Koch
		→ Den Ofen auf 180 °C (160 °C Umluft) vorheizen.
250 g weiche Butter **150 g Zucker** **1 Pck. Vanillezucker**	→ abwiegen und in Schüssel 1 geben.	→ in die Rührschüssel geben und mit dem Rührgerät verrühren.
1 Prise Salz	→ dazugeben	→ und schaumig rühren.
1 unbehandelte Zitrone	→ waschen und abtrocknen.	→ Schale abreiben und dazugeben.
	→ Die Zitrone halbieren und 1 Esslöffel Saft auf die Mischung in Schüssel 1 drücken.	
4 Eier	→ aufschlagen, dazugeben (siehe S. 12)	→ und alles gut verrühren.
150 g Mehl **120 g Speisestärke**	→ abwiegen und in Schüssel 2 geben,	
1 Pck. Backpulver	→ darüberrieseln lassen.	
	→ Ein Sieb über Schüssel 1 halten,	→ Mehlmischung durch das Sieb schütten und mit dem Teigschaber unterheben.
2 EL Milch	→ dazugießen	→ und unterrühren.
1 Stück Butter (groß wie eine ungeschälte Erdnuss)	→ in die Kastenform geben und mit dem Pinsel Boden und Wände gründlich einpinseln.	→ Etwas Mehl in die gefettete Form geben und gleichmäßig verteilen.
	→ Mit dem Teigschaber den Teig in die Form schaben und gleichmäßig darin verteilen.	→ Ab in den Ofen. Nach 15 Minuten den Kuchen mit einem nassen Messer längs einschneiden. Nach weiteren 25 Minuten schauen, wie's dem Kuchen geht. Stäbchenprobe machen. Eventuell noch mal 10 Minuten backen. Den fertigen Kuchen mit einem Messer rundherum von der Form lösen und 10 Minuten abkühlen lassen, bevor man ihn auf ein Kuchengitter stürzt.
100 g Puderzucker **3 EL Zitronensaft**	→ abwiegen und in einer Tasse zu einem Guss verrühren. Den Guss auf den fertigen, ausgekühlten Kuchen pinseln.	

Mein Tipp
Wann ist der Kuchen fertig?
Der Kuchen ist fertig gebacken, wenn
man mit einem Holzstäbchen rein-
sticht und beim Rausziehen kein Teig
mehr am Holzstäbchen klebt.
Das nennt sich Stäbchenprobe.

Apfel-Dapfel

Ruhezeit: 1 Stunde

Küchengeräte

Zutaten	Kleiner Koch	Großer Koch
300 g Mehl	→ abwiegen,	→ in die Schüssel geben.
100 g Zucker	→ abwiegen	→ und dazugeben.
200 g Butter	→ abschneiden, in Stücke schneiden,	→ auf den Mehl-Zucker-Haufen setzen.
1 Ei	→ aufschlagen (siehe S. 12)	→ und in die Schüssel geben.
1 Prise Salz	→ obendrauf streuen und alles mit den Händen zu einem Teig verkneten. Erst ganz sanft und dann immer kräftiger.	→ Dem kleinen Koch helfen. Den Teig zu einer Kugel formen, in Frischhaltefolie wickeln und 1 Stunde in den Kühlschrank legen.
	→ Die Eieruhr auf 60 Minuten stellen.	
6 säuerliche Äpfel (z.B. Boskop, Braeburn)	→ Apfelspalten in dünne Scheiben schneiden (so dünn wie 1-Euro-Stücke).	→ mit dem Gemüseschäler schälen, in Spalten schneiden und entkernen.
½ Zitrone		→ über den Äpfeln auspressen.
	→ Backpapier (so groß wie das Blech) auf die Arbeitsfläche legen.	→ Den Teig aus dem Kühlschrank holen und auf das Backpapier legen.
	→ Mit den Händen und viel Kraft versuchen, den Teig platt zu drücken.	→ Dem kleinen Koch helfen und den Teig ausrollen.
1 Stück Butter (groß wie eine ungeschälte Erdnuss)	→ auf das Blech geben und mit dem Pinsel gründlich verteilen.	→ Etwas Mehl auf das Blech geben und gleichmäßig verteilen.
		→ Den Teig auf das Blech legen. Die Apfelstücke darauflegen.
	→ Mit einer Gabel den Teig an verschiedenen Stellen einstechen.	→ Den Ofen auf 180 °C (160 °C Umluft) vorheizen.
120 g Mehl 80 g Zucker 80 g Butter	→ abwiegen, in eine Schüssel geben, mit den Händen zu Krümeln mischen und über die Äpfel krümeln.	
	→ Eieruhr auf 35 Minuten stellen.	→ Den Apfel-Dapfel 35 bis 40 Minuten backen, die Stäbchenprobe machen (siehe S. 107). Den Apfel-Dapfel aus dem Ofen holen und abkühlen lassen.

Feine Waffeln

Küchengeräte

Für ca. 10 Waffeln

Zutaten	Kleiner Koch	Großer Koch
200 g Margarine **100 g Zucker**	→ abwiegen und in die Schüssel geben.	
1 Pck. Vanillezucker **1 Prise Salz**	→ dazugeben	→ und mit dem Rührgerät verrühren.
4 Eier	→ trennen (siehe S. 12) und das Eigelb in die Schüssel kippen, während der große Koch mit dem Rührgerät rührt. Das Eiweiß für später aufheben.	→ Alles schaumig rühren und dann dem Rührgerät sowie der eigenen Hand eine Pause gönnen.
200 g Mehl	→ abwiegen und auf die schaumige Masse in der Schüssel streuen.	
½ Pck. Backpulver	→ dazugeben	→ Pause beenden und das Backpulver mit dem Schneebesen einrühren.
150 ml Sahne	→ dazugießen	→ und unterrühren.
	→ Das Eiweiß in eine saubere (!) Rührschüssel geben	→ und mit dem Rührgerät steif, also zu Eischnee schlagen (siehe S. 12). Den Eischnee vorsichtig unter den Teig heben.
5 EL Öl	→ in ein Schälchen kippen.	→ Das Waffeleisen anstellen und mit etwas Öl einpinseln.
	→ 1 Suppenkelle Teig vorsichtig in das Waffeleisen füllen.	→ Probieren, wie viel Teig es für eine schöne Waffel braucht. Lieber am Anfang weniger Teig nehmen und eine kleine Waffel backen, als zu viel zu nehmen und eine Sauerei zu veranstalten.
	Waffel zwischen die Kiemen packen! 	→ Die Waffel goldgelb backen.

Tipp
Puderzucker, Kirschen, Schlagsahne, Schokocreme, Zimt & Zucker, Bananen oder Apfelmus – schmeckt alles!

Mein Tipp
Süße Frühstücksmäuse:
50 Gramm Zucker, 1 Päckchen
Vanillezucker und die abgeriebene
Schale von 1 unbehandelten Zitrone
vor dem Mehl unter den
Quark-Öl-Teig rühren.

Frühstücksmäuse

Frische Brötchen zum Sonntagsfrühstück

Ruhezeit: 30 Minuten

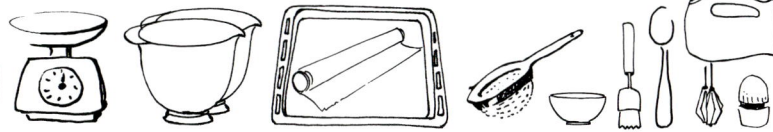

Zutaten	Kleiner Koch	Großer Koch
150 g Magerquark		→ in einem Sieb abtropfen lassen und dann in die Schüssel geben.
6 EL Öl (kein Olivenöl)	→ zum Quark in Schüssel 1 kippen.	
1 Ei	→ aufschlagen, dazugeben	→ und mit dem Rührgerät verrühren.
2 EL Milch	→ dazu.	
1 Prise Salz	→ dazugeben	→ und gut verrühren.
300 g Mehl	→ abwiegen und durch das Sieb in Schüssel 2 sieben.	
1 Pck. Backpulver	→ über das Mehl streuen, mischen.	→ Die erste Mehlhälfte unter den Teig rühren. Dann die zweite Hälfte rasch mit den Händen unterkneten, bis der Teig glatt und gleichmäßig wird. Den Teig 30 Minuten im Kühlschrank ruhen lassen.
	→ Die Eieruhr auf 30 Minuten stellen. SPIELPAUSE!	→ Ofen auf 180 °C (160 °C Umluft) vorheizen.

Tipp
Rosinen verwenden um den Mäusen Augen zu basteln!

→ Dem kleinen Koch helfen!

→ Aus dem Teig Kugeln so groß wie ein Ei rollen. Aus den Kugeln Tropfen formen. Das spitze Ende etwas in die Länge rollen als »Mäuseschwanz«. Am anderen Ende mit Daumen und Zeigefinger die Ohren in den Kopf zwicken. Mit einem Holzstäbchen Löcher als Augen piksen.

→ Backpapier auf das Backblech legen und die Mäuse daraufsetzen.

| 1 Ei | | → trennen, Eigelb in ein Schälchen geben. |
| 2 EL Milch | → mit dem Eigelb vermischen und die Mischung mit einem Pinsel auf die Mäuse streicheln. | → Die Mäuse 15 bis 20 Minuten goldgelb backen. |

Fernsehsnacks

Knuschperstangen

Zeit zum Auftauen des Blätterteigs: 30 Minuten

Tipp
Blätterteig wird besonders locker und blättrig, wenn man eine feuerfeste Tasse mit Wasser während des Backens in den Ofen stellt.

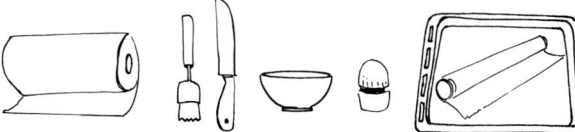

Küchengeräte

Zutaten	Kleiner Koch	Großer Koch
3 rechteckige Platten Tiefkühl-Blätterteig		→ auf ein Küchenpapier legen und etwa 30 Minuten auftauen lassen.
	→ Backpapier auf das Backblech legen.	→ Den Ofen auf 180 °C (160 °C Umluft) vorheizen.
	→ Die Teigplatten auf die Arbeitsfläche legen und mit dem Messer längs in Streifen schneiden (breit wie ein Erwachsenendaumen).	→ Dem kleinen Koch vormachen und ihn helfen lassen: Die Enden eines Teigstreifens zwischen die Daumen und Zeigefinger der beiden Hände nehmen. Mit der Linken wird der Streifen gehalten, mit der rechten Hand werden zwei Umdrehungen gezwirbelt. Den gedrehten Streifen dann auf das Blech legen (etwas Abstand halten).
1 Ei	→ trennen (siehe S. 12) und mit dem Eigelb die Stangen einpinseln.	→ Dem kleinen Koch helfen.
Geriebenen Käse (z. B. Emmentaler oder Parmesan), Mohn, Sonnenblumenkerne oder Sesam	→ auf die Streifen streuen.	→ Das Blech in den Ofen schieben und die Knuschperstangen 20 bis 25 Minuten backen. Etwas abkühlen lassen.
	→ Eieruhr auf 20 Minuten stellen.	
	☺ Nur so laut knuspern, dass alle den Film noch verstehen.	

Mein Tipp
Ein Abend vor der geliebten Glotze
auf der Couch, ein Film
wie »Willi und die Wunder
dieser Welt« und dazu
willihaft knabbern.

Wiener im Schlafsack

Zeit zum Auftauen des Blätterteigs: 30 Minuten

Küchengeräte

Zutaten	Kleiner Koch	Großer Koch
3 rechteckige Platten Tiefkühl-Blätterteig	. . . .	→ auf ein Küchenpapier legen und etwa 30 Minuten auftauen lassen.
	→ Backpapier auf das Backblech legen.	→ Den Ofen auf 180 °C (160 °C Umluft) vorheizen. Die Teigplatten zu Quadraten halbieren.
6 Wiener Würstchen	→ mitten auf die Teigquadrate legen (wenn die Würstchen über den Rand schauen, macht das nichts). Die Würstchen in den Teig einwickeln und auf das Blech legen.	→ Dem kleinen Koch zur Hand gehen.
1 Ei	→ trennen (siehe S. 12) und mit dem Eigelb die Wurstpäckchen einpinseln.	→ Die Wurstpäckchen 20 bis 25 Minuten backen, etwas auskühlen lassen und mmmhhh!
	→ Eieruhr auf 20 Minuten stellen.	

Tipp
Schmeckt auch mit Weizen- oder Tofu-Wienern!

Käsetaler

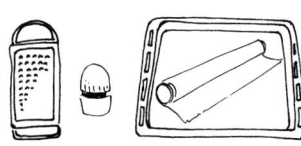

Küchengeräte

Zutaten	Kleiner Koch	Großer Koch
	. . . .	→ Den Ofen auf 140 °C (120 °C Umluft) vorheizen.
1 Stück Parmesan oder Grana Padano (mit Emmentaler geht's auch)	→ mit der feinen Reibe reiben.	→ Kurz vorm »gefährlichen« Endstück übernimmt der große Koch.
	→ Backpapier auf das Backblech legen.	
	→ Jeweils 1 Handvoll Parmesan auf das Backpapier häufeln.	→ Etwas Abstand zwischen den Häufchen halten, weil der Käse zerläuft!
	→ Eieruhr auf 20 Minuten stellen.	→ Das Blech in den Ofen schieben und die Käsetaler 20 Minuten backen.
	Rätsel: 16 Taler für 4 Genießer macht wie viele Taler für jeden?	→ Die goldgelben Taler aus dem Ofen holen und abkühlen lassen.

Bunte Gemüsestifte mit Dip

Küchengeräte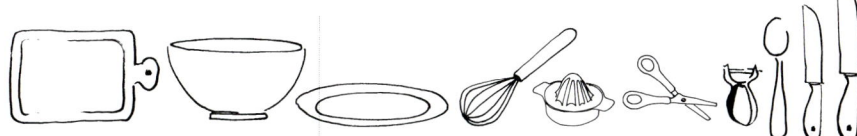

Zutaten	Kleiner Koch	Großer Koch
Karotten, Gurken, Kohlrabi	→ schälen und in Stifte schneiden (fingerlang und dick wie ein Buntstift).	→ Dem kleinen Koch helfen.
Paprika	→ waschen und in Stifte schneiden (fingerlang und dick wie ein Buntstift).	
200 g Magerquark	→ in eine Schüssel geben.	
2 EL Milch	→ mit dem Quark verrühren.	
1 Bund Petersilie	→ waschen, die Blätter abzupfen	→ und mit einem Wiegemesser oder dem großen Messer fein hacken.
1 Bund Schnittlauch	→ in minikleine Röllchen schneiden (geht super mit einer sauberen Bastelschere).	→ Petersilie und Schnittlauch zum Quark geben.
1 Msp. Salz **1 Msp. Pfeffer**	→ in den Quark rühren.	
Zitronensaft	....	→ nach Belieben in den Quark pressen.

☺ Gemüsestifte in den Quarkdip tunken und knackig knabbern!

Willi Spezial-Info

Quark ist nicht nur ein Lebens-, sondern auch ein Heilmittel. Quarkwickel helfen z. B. bei Entzündungen, Verstauchungen, Halsschmerzen oder Sonnenbrand. Einfach kühlen Quark in ein Tuch wickeln und auf die zu heilende Körperstelle legen.

Getränke

Feuchtes und Fröhliches

Gruselbowle

mit Monsteraugen und Fledermausohren

für Fasching oder Halloween

Küchengeräte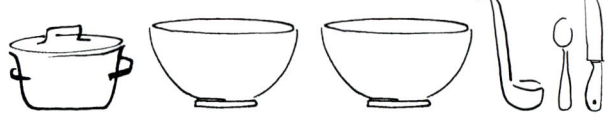

Zutaten	Kleiner Koch	Großer Koch
2 EL Öl	in den Topf geben.	Topf auf den Herd stellen und Hitze auf die mittlere Stufe drehen.
2 Kinderhändevoll Popcornmais	in den Topf geben und Deckel drauf! Ohren spitzen, wenn es anfängt zu poppen.	
	Wenn es nicht mehr poppt, dem großen Koch Bescheid geben.	Den Herd ausstellen. Gelegentlich am Topf rütteln. Den Topf vom Herd nehmen, Popcorn in eine Schüssel kippen (nicht süßen oder salzen).
2 l Fruchtsaft deiner Wahl	in die Glasschüssel gießen.	
5 EL Kiwisirup (es geht auch ohne!)	nach und nach in den Saft löffeln und verrühren, bis eine schöne grusel-grüne Farbe entsteht.	
1 l Mineralwasser	langsam dazugießen.	
10 Litschis		schälen und an einer Seite etwas Fruchtfleisch abschneiden, damit der Kern sichtbar wird (Kern in der Frucht lassen). Das sieht dann aus wie ein Augapfel mit Pupille.
	Die »Litschi-Augen« in die Schüssel kullern lassen.	
	Gut 3 Händevoll abgekühltes Popcorn – äh, Fledermausohren – in die Schüssel werfen.	
		Die Bowle mit einer Kelle in die Gläser füllen und darauf achten, dass jeder »Augen« und »Fledermausohren« abkriegt.

Huaaaa!

Mein Gruseltipp
Am Vortag einen Einmalhandschuh mit Saft füllen, zubinden und in das Gefrierfach legen. Kurz vor der Party den Handschuh abziehen und das eiskalte Händchen in die Bowle legen. Hhhuuuuaaaaa!

Ki-Ba-Bowle

Zeit zum Frieren der Bananenwürfel: am besten über Nacht

Küchengeräte

Zutaten	Kleiner Koch	Großer Koch
½ l Bananensaft	→ in eine Eiswürfelform oder einen Eiskugelbeutel füllen.	→ Dem kleinen Koch helfen. Das Ganze ins Gefrierfach legen.
1 Glas Sauerkirschen	→ Versuchen, das Glas zu öffnen und wenn's zu schwer geht, an den großen Koch abgeben.	→ Dem kleinen Koch helfen.
		→ Kirschen durch ein Sieb über einer großen Schüssel abgießen und abtropfen lassen (den Saft aufheben).
1 Banane	→ schälen und in Scheiben (doppelt so dick wie 1-Euro-Münzen) schneiden.	
	→ Abwechselnd Kirschen und Bananenstücke aufspießen.	→ Bunte kleine Partyspieße oder Zahnstocher bereitstellen.
1 l Kirschsaft	→ in die Glasschüssel zu dem aufgefangenen Kirschsaft gießen.	
1 l Mineralwasser		→ zum Kirschsaft gießen und verrühren.
	→ Die Bananeneiswürfel aus der Form oder dem Beutel drücken und in Gläser füllen.	→ Kirschbowle in die Gläser gießen.
	→ Beim Servieren in jedes Glas einen Kirsch-Bananen-Spieß legen. Prost! 	

Tipp
Bananeneiswürfel am Vortag zubereiten.

Willis Punsch

Willis Lieblings-getränk

Küchengeräte

Für 4 Becher

Zutaten	Kleiner Koch	Großer Koch

Zutaten — **Kleiner Koch** — **Großer Koch**

½ l Wasser → mit dem Messbecher abmessen,
→ in einem Topf aufkochen.

2 Beutel Früchtetee → in das heiße Wasser hängen
→ und im Topf ziehen lassen (siehe Packungsangabe), dann die Beutel herausnehmen.

2 Orangen
2 Zitronen → ein wenig kneten und dann halbieren (durchs Kneten kommt mehr Saft raus).
→ Mit der Saftpresse auspressen. Saft zum Tee in den Topf geben.

1 l Apfelsaft → in den Topf gießen
→ und erhitzen.

8 Gewürznelken
1 ½ TL Zimt
3 EL Honig → in den Topf geben, Honiglöffel ablecken.
→ Den Punsch einmal aufkochen, dann von der Herdplatte nehmen und die Gewürznelken herausfischen.

→ Den Punsch mit einer Kelle in Tassen verteilen und noch warm genießen.

Mein Tipp
2 Kinderhändevoll Nelken in eine Orange stecken und sie so mit einem hübschen Muster dekorieren. Die Orange auf den Tisch legen – so duftet es im Advent bei mir daheim.

Mein Tipp

Smoothies sind Vitamine pur –
nämlich pürierte Früchte. Eigentlich
könnt ihr so ziemlich jede Sorte
Obst nehmen, am besten mehrere
zusammen. Das Obst im Mixer oder
mit dem Stabmixer pürieren und mit
einem Strohhalm trinken!

Smoothies

Das wird ungefähr so ausgesprochen: Smu-sies (das mittlere »s« wird gelispelt)

Erdbeer-Banane-Birne-Smoothie

Küchengeräte

Zutaten	Kleiner Koch	Großer Koch
½ Schälchen Erdbeeren	→ waschen und (nicht zu viele) naschen,	→ Stiele und Blätter entfernen.
1 Banane	→ schälen und in 5 Stücke schneiden.	
1 Birne	→ waschen,	→ entkernen und in Stücke schneiden.
	→ Die Fruchtstücke in ein hohes Gefäß geben.	
2 Orangen	→ mit der Saftpresse auspressen und den Saft zu den Früchten geben.	→ Wenn die Muskeln des kleinen Kochs nicht ausreichen – helfen!
		→ Das Obst mit dem Stabmixer pürieren. Wenn es zu dickflüssig ist, mit etwas Apfel- oder Orangensaft verdünnen.
		→ Den Smoothie in Gläser füllen.

⊙ Mit einem Strohhalm genussvoll schlürfen.

Tipp
Wer möchte, kann mit 1 Teelöffel Honig süßen.

Noch mehr leckere Smoothies findet ihr auf der nächsten Seite.

Beeren-Smoothie

Zutaten	Kleiner Koch	Großer Koch
2 Erwachsenenhände voll Heidelbeeren		
4 Erwachsenenhände voll Himbeeren	→ waschen, vorsichtig trockentupfen und in ein hohes Gefäß geben.	→ Dem kleinen Koch helfen.
300 g oder 2 Becher Joghurt	→ dazugeben,	
1 TL Honig	→ hineinlöffeln. Honiglöffel abschlecken.	→ Alles mit dem Stabmixer pürieren.
	Zum Frühstück genießen.	→ In Gläser füllen.

Ba-Ki

Zutaten	Kleiner Koch	Großer Koch
2 Kiwis		→ schälen.
	→ In vier Teile schneiden und in ein hohes Gefäß geben.	
1 Banane	→ schälen, in 5 Teile schneiden und zu den Kiwistücken geben.	
1 Glas Orangensaft	→ dazugießen	→ und alles mit dem Stabmixer pürieren.
	Jippiieeeh!	→ In Gläser füllen.

Ma-Ba

Zutaten	Kleiner Koch	Großer Koch
1 reife Mango (so reif, dass sie weich ist)		→ mit dem Gemüseschäler schälen, das Fruchtfleisch mit einem Messer vom Kern schneiden und in ein hohes Gefäß geben.
	→ Den Kern abschlecken, lecker! Danach Hände waschen.	
1 Banane	→ schälen, in 5 Teile schneiden und zu den Mangostücken geben.	
150 g oder 1 Becher Joghurt	→ dazugeben	→ und alles mit dem Stabmixer pürieren (wenn der Smoothie zu dickflüssig ist, mit etwas Milch verdünnen).
	Prost! 	→ In Gläser füllen.

Willis Küchenschrank

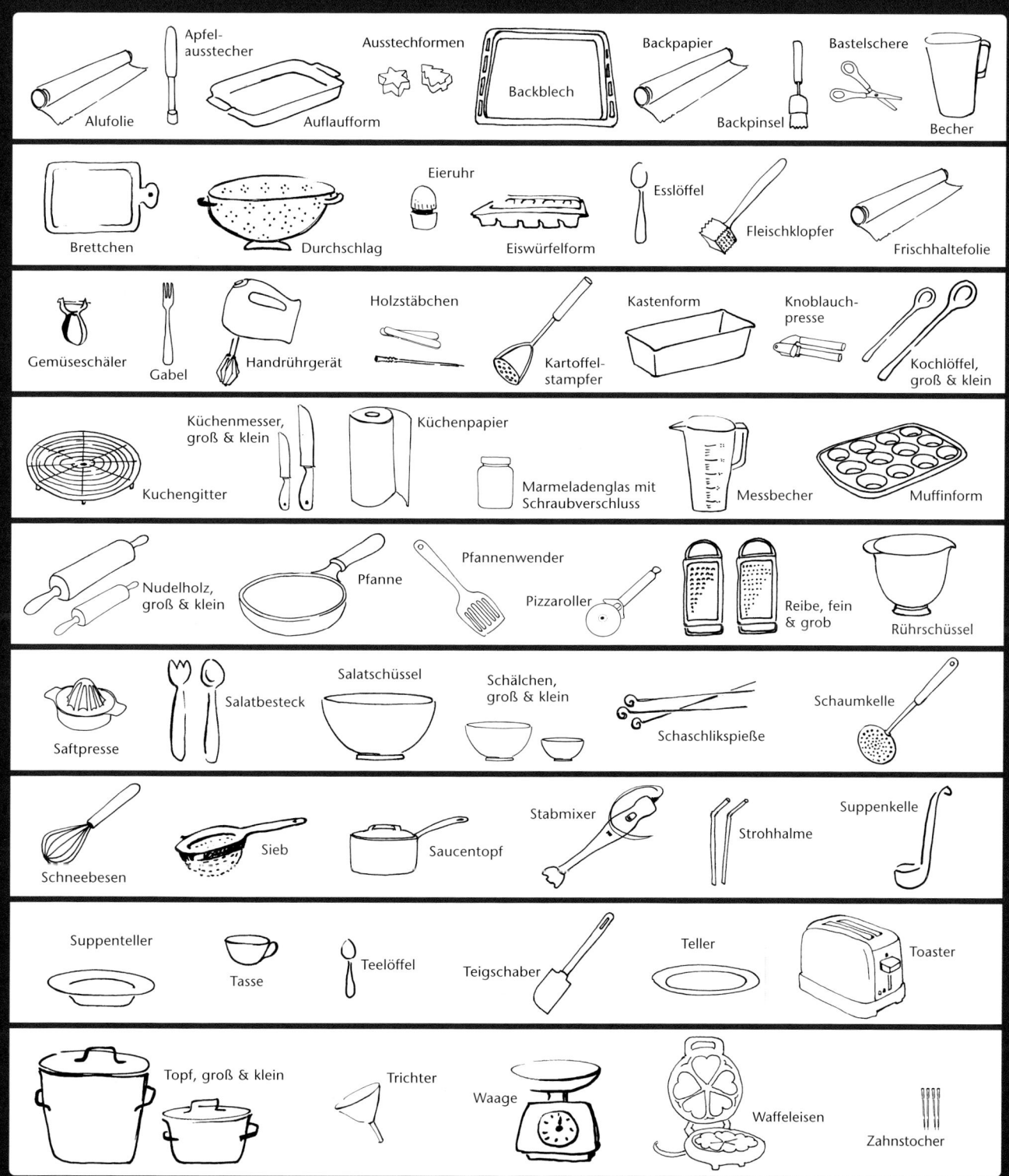

Apfel-ausstecher

Ausstechformen

Backblech

Backpapier

Bastelschere

Alufolie

Auflaufform

Backpinsel

Becher

Brettchen

Durchschlag

Eieruhr

Eiswürfelform

Esslöffel

Fleischklopfer

Frischhaltefolie

Gemüseschäler

Gabel

Handrührgerät

Holzstäbchen

Kartoffel-stampfer

Kastenform

Knoblauch-presse

Kochlöffel, groß & klein

Kuchengitter

Küchenmesser, groß & klein

Küchenpapier

Marmeladenglas mit Schraubverschluss

Messbecher

Muffinform

Nudelholz, groß & klein

Pfanne

Pfannenwender

Pizzaroller

Reibe, fein & grob

Rührschüssel

Saftpresse

Salatbesteck

Salatschüssel

Schälchen, groß & klein

Schaschlikspieße

Schaumkelle

Schneebesen

Sieb

Saucentopf

Stabmixer

Strohhalme

Suppenkelle

Suppenteller

Tasse

Teelöffel

Teigschaber

Teller

Toaster

Topf, groß & klein

Trichter

Waage

Waffeleisen

Zahnstocher

Rezeptregister

Praktische Tipps

Über dieses Buch

Impressum
© 2012 by Südwest Verlag, einem Unternehmen der Verlagsgruppe Random House GmbH, 81637 München.

Hinweis
Die Ratschläge/Informationen in diesem Buch sind von Autoren und Verlag sorgfältig erwogen und geprüft. Dennoch kann eine Garantie nicht übernommen werden. Eine Haftung der Autoren bzw. des Verlags und seiner Beauftragten für Personen-, Sach- und Vermögensschäden ist ausgeschlossen.

Bildnachweis
People-Fotografie und Coverfoto:
Emely Photography, www.emely-online.com
(Christine Schneider und Brigitte Sporrer)
c/o Bascha Kicki-photographers, Fotoassistenz: Julian Henzler

People-Fotoproduktion Team:
Styling: Kathinka Ruthel (c/o Agentur Shine)
Haare/Make-up: Christine Letzner (c/o Agentur Shine) und Giulia Thalmaier (c/o Agentur Phoenix)
Models: Leni, Niklas, Sofia, Luis (Vermittlung: Astrid Barnet)

Food-Fotografie:
Fotografie und Styling: Maike Jessen, www.maikejessen.de
Foodstyling: Diane Dittmer
Fotoassistenz: Kirsten Petersen

Illustration:
Farbig: Thomas Dähne
Schwarz-weiß: Eva M. Salzgeber

Foodfreisteller: Steps Eier trennen, Zusatzbilder im Nachsatz: Fotolia, iStockphoto, Shutterstock, Südwest Verlag

Polaroid-Fotos im Vorsatz: Privatarchiv Willi Weitzel

Wir danken für die freundliche Unterstützung:
Käpt'n Cookie GmbH, München (www.kaeptncookie.com);
Sinneswahn, München (www.sinneswahn-wohnideen.de);
F. S. Kustermann, München (www.kustermann.de);
Torsten Zielezniak

Redaktionsleitung: Susanne Kirstein
Projektleitung: Eva Wagner
Layout, DTP, Gesamtproducing: Eva M. Salzgeber, Neubeuern
Co-Autorin: Magdalena Strothjohann
Redaktion: Manuela Krämer, Mering
Bildredaktion/Leitung der Fotoproduktion: Tanja Nerger
Korrektorat: Dr. Ulrike Kretschmer, München
Umschlaggestaltung: Eva M. Salzgeber, Neubeuern
Litho: Regg Media GmbH, München
Druck und Verarbeitung: Mohn media Mohndruck GmbH, Gütersloh

Printed in Germany

MIX
Papier aus verantwortungsvollen Quellen
FSC® C011124

Verlagsgruppe Random House FSC®-DEU-0100
Das für dieses Buch verwendete FSC®-zertifizierte Papier Novatech satin liefert UPM Dörpen.

ISBN 978-3-517-08785-6

817 2635 4453 6271

Willis Lieblingsgeschenk aus der Küche

Verschenkt doch mal leckeres Pesto in einem schönen Glas! Dafür ein hübsches, leeres Marmeladenglas suchen und gut spülen. Dann mit Glasmalstiften oder Glasmalfarbe das Glas außen bemalen und trocknen lassen. Anschließend eine Portion **Pesto** (siehe S. 64) zubereiten und in das Glas füllen. Das Pesto hält sich im Kühlschrank bis zu 10 Tage. Und außerdem hat der Beschenkte noch ein schön bemaltes Glas. (Du kannst auch einen Gutschein dazu schenken, das Glas immer wieder aufzufüllen.)

Willis süßes Geschenk für alle Naschkatzen

Wie wär's mal mit »Herumkugeln«? Dafür 250 Gramm Marzipanrohmasse abwiegen und in eine Schüssel geben. 50 Gramm Puderzucker abwiegen, in die Schüssel dazugeben und dann mit den Händen verkneten. Dann die Hände waschen und fünf Kinderhändevoll dunkles Kakaopulver in einen tiefen Teller geben. Mit den Händen aus der Marzipan-Puderzucker-Masse kleine Kugeln formen (etwas größer als eine Haselnuss, etwas kleiner als eine Walnuss, aber rund). Die Kugel dem großen Koch geben, durch den Kakao ziehen und auf ein Brett legen. Aufpassen, dass die Kugeln nicht wegkugeln. Die ganze Masse zu Kugeln formen, mit Kakao bestäuben, und fertig sind die Herumkugeln. Eine schöne Schachtel kaufen oder basteln, mit Butterbrotpapier auslegen und die Kugeln hineinlegen. Ein super Geschenk für Marzipanliebhaber.

Mit der leckeren Bolognese-Sauce von Seite 62 könnt ihr auch eine **Blitz-Lasagne** machen (die heißt so, weil man sie fast so schnell wie ein Blitz zubereiten kann): Einfach eine Auflaufform nehmen, einen Klecks Sauce darin verteilen, dann Lasagne-Nudelplatten darauflegen, dann wieder Sauce und wieder Lasagne-Nudelplatten, bis keine Sauce mehr da ist. Die oberste Schicht sollte Sauce sein. Darauf geriebenen Käse (Mozzarella, Pecorino oder Emmentaler) geben und ab in den vorgeheizten Ofen. Bei 180 °C 40 Minuten backen, bis der Käse verlaufen und goldbraun ist.

Willis Blitzrezept für Lasagne